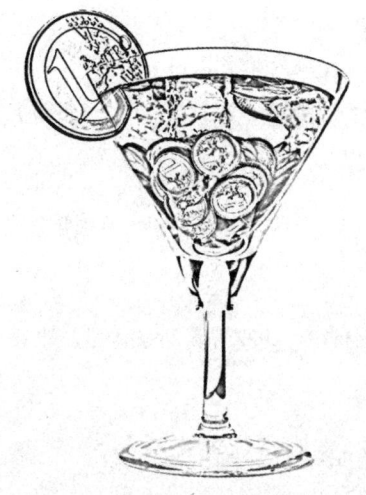

外贸高手
客户成交技巧

（白金版）

毅冰◎著

解 构 底 层 逻 辑

北京工业大学出版社

图书在版编目（CIP）数据

外贸高手客户成交技巧：白金版：解构底层逻辑 / 毅冰著 . — 北京：北京工业大学出版社，2023.2（2025.5 重印）
　　ISBN 978-7-5639-8565-4

Ⅰ . ①外… Ⅱ . ①毅… Ⅲ . ①对外贸易—市场营销学 Ⅳ . ① F740.4

中国版本图书馆 CIP 数据核字（2022）第 249445 号

外贸高手客户成交技巧（白金版）：解构底层逻辑
WAIMAO GAOSHOU KEHU CHENGJIAO JIQIAO（BAIJINBAN）：JIEGOU DICENG LUOJI

著　　者：毅　冰
策划编辑：马　超
责任编辑：杜一诗
封面设计：红杉林文化
出版发行：北京工业大学出版社
　　　　　（北京市朝阳区平乐园 100 号　邮编：100124）
　　　　　010-67391722（传真）bgdcbs@sina.com
经销单位：全国各地新华书店
承印单位：三河市元兴印务有限公司
开　　本：710 毫米 ×1000 毫米　1/16
印　　张：16.5
字　　数：242 千字
版　　次：2023 年 2 月第 1 版
印　　次：2025 年 5 月第 7 次印刷
标准书号：ISBN 978-7-5639-8565-4
定　　价：69.00 元

版权所有　翻印必究
（如发现印装质量问题，请寄本社发行部调换 010-67391106）

前言

《虞美人·听雨》云:"少年听雨歌楼上,红烛昏罗帐。壮年听雨客舟中,江阔云低,断雁叫西风。而今听雨僧庐下,鬓已星星也。悲欢离合总无情,一任阶前,点滴到天明。"

人在不同的阶段,不同的境遇,不同的经历,对于哪怕同一件事情都会引发不同的情绪和感触。过去我们以为自己懂了,但或许没有。如今我们觉得自己没懂,却已然时过境迁,很多事都无法回到从前。

一、十年踪迹十年心

2011年的某天,一次特殊的机缘,我在"福步论坛"连载的两篇长帖《新手如何写好开发信,加大成交率》和《价格为王——新手如何跟客户谈价格》,一时间震动外贸圈,成就了我作为一个独立IP的存在,也让一个无名之辈毅冰,变成了许多外贸人所认识的一个符号。

于是,就有了几个月的伏案写作,我在忐忑、纠结、兴奋的交织中,完成了人生中的第一本书,迈出了成为职业作者的第一步,至今已经十年有余了。

这十余年来,我先后在中国香港、中国内地、澳大利亚和新西兰的公司工作。服务过多家跨国公司的经历让我意识到:一个优秀的外贸人是需要不断学习的,要随着环境和时代的变化而变化,不能故步自封,拒绝画地为牢。

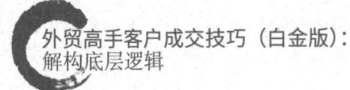

哪怕是再恶劣的环境，再残酷的竞争，都能从中找到自己的位置，调整方向，锐意进取后鹤立鸡群，乃至鹤立鹤群。

这些年我反复思考这样几个问题：为什么优秀的业务员，可以销售任何产品？为什么客户能信任和喜欢他们？这其中究竟有什么共性？

答案很简单，因为他们销售的是"产品＋专业＋服务"的综合体，他们能找到客户的痛点，能解决实际问题，能在细节上完善，能跟同行形成差异化，能让自己的个人形象进一步深入人心。

多年来，我花了大量时间从事外贸一线的工作，不管是以业务员的身份，还是以买手的身份，抑或以管理者和协调者的身份。我有一个很深的感触，就是所有的生意，其背后都是人与人之间的交流和谈判。若生意能成，大概率背后有清晰的逻辑线，很少有偶然，也很少有例外。客户对于供应商的选择，是综合考量的结果。业务员要通过谈判拿下订单，就要从多维度入手，突破一系列的营销误区，让客户对你产生信任和依赖。

而大多数外贸人，仅停留在客服的层面，只会强调"我们的品质不错，价格有竞争力"，只会宣称"我们提供优质的服务"，只会做机械化的报价和催促工作，其价值和贡献都很低。这就难怪客户会选择别人，结果不尽如人意。

所以这本书的出现，就是为了解决外贸人的痛点，让大家可以轻松地打破思维壁垒，知道真正的方向和出路在哪里。

二、我为什么写此书

我是一个实用主义者，虽然有理想，有情怀，有文艺青年的特质（如今可以算是"文艺中年"），但归根到底还是理性的。

要做好外贸，不能依赖好运气（遇到好客户，遇到好老板，遇到好公司，遇到好平台，遇到好机会……），我们要做的是避免陷入"幸存者偏差"，只有认真学习和完善每一个模块，知道买手喜欢怎样的供应商，明白哪些短板需要弥补，了解外贸开发的各项技能，才有可能在工作中产生更大的价值，提高成功开发客户和订单转化的概率。

这本书主要给外贸人解决两个问题：

第一，如何变得更出色？

第二，如何提高成交率？

知道结果后，进行反向推导，逐步明确路径，然后量化成不同的章节，再附上案例，就成了现在您看到的每一节的具体内容。同样，在你心中困惑已久的很多问题，我相信都可以在书中直接找到答案。

从哪里找客户？

为什么你的开发信效果不佳？

如何专业化跟进客户？

好的报价单究竟是什么样的？

谈判技能可以通过学习提升吗？

如何选择付款方式并做好风控？

怎样提高客户忠诚度？

跨境电商和传统外贸该如何选择？

十年来，这些问题时时被外贸业务员谈及，又因为所处的环境不同，世界经济形势、政治形势的不同，解题答案不断更新。我们尊重十年前思考问题的底层逻辑，不断积累十年来外贸业务员经历的真实案例和解决方案，同时，将我近十年来的培训经验和体系化授课思路融入本书，相比第1版，这本"白金版"改版比例达到50%，书中讲理论的篇幅极少，取而代之的是一个接一个的实战案例、一场接一场的思维盛宴。你可以得到的，是行之有效的方案，是能够吸引客户的秘诀，是可以拿来就用的模板，是通往成功的全新思维。

三、本书为哪类外贸人而写

一线的外贸业务员、有志于往业务方向发展的助理和跟单员、外贸团队的管理者乃至企业主、外贸行业的相关服务商，只要你的工作和外贸相关，不论直接参与还是间接参与，你都可以从这本书中受益，并且引发深度的思考。

本书所包含的内容都可以在现实工作中具体落地，因为这些都经过十多年来几代外贸人的验证。我希望这本书能够成为大量外贸一线从业者、高校国际经济与贸易及其相关专业学生的"红宝书"。

在外贸工作中取得丰硕成果，是一个系统化的工程，有内在的技能树，有订单开发和转化的路径。在书中，我不仅列举了大量亲身经历的事件，还阐释了自己十多年后的最新思考。这么做的目的不是让读者照抄照用，而是激发读者的独立思考和分析能力，从技入道，形成一套完整的逻辑思维体系，以面对和拆解外贸工作中的种种问题和未来可能发生的问题。

市场已经随着互联网技术的进步而变化，客户的获取和推广的媒介也变得不一样，营销思路、开发手法、谈判技能都应当向新的时代靠拢，这样才合逻辑。不是说过去的方法不再适用，而是其在市场发展的过程中必须得到优化和进化，停滞不前是无法适应如今的行业变化的。

如果你发现，本书中的一些见解，跟你从朋友和前辈中获取的经验有不同之处，请不要嗤之以鼻，也不要贸然否定。请谨记：一定要带着空杯心态去阅读这本书，抛弃你过往的一切思维定式，认真阅读，认真思考，然后在工作中应用起来，我相信你很快会有收获。

你应该如何去找客户？这不重要。重要的是，先明确客户需要怎样的供应商。一个外贸高手，不仅是出色的推销员，能说服客户下单购买，还必须是优秀的商业顾问，能站在客户立场去解决问题，提供专业化的意见和方案。

我们设想一下，当你渴望对方从口袋里掏钱的时候，不是反复强调我们的产品多好、价格多低、多么适合他，而是要传递一种价值——跟我们合作你能得到什么，我们跟同行的差异化在哪里，选择我们能带来什么样的结果。

这需要外贸人用一种完全不同的思维框架应用在当前的工作中。我们相信，我们可以为客户创造更美好的体验，可以让客户在合作中省心省力，我们的专业和对于行业的认知能让客户少踩很多雷，我们愿意输出我们的经验去协助客户打开市场……

四、为什么你应该读此书

要学习我在本书中分享的内容,就要涉足一些未知的领域,挑战自己思维中的死角,重塑技能树,由点到面去全方位完善技能。如何开发新客户?如何稳定老客户?如何挽回失去的客户?如何沉淀未来的客户?书中的内容,永远以客户为导向,来告诉你应该怎么做,或者出现问题的症结在哪里。

我可以很明确地告诉你,通过全面学习和运用本书中的内容,你会很快发现,你以前做的可能是个"假外贸",这其中有太多问题、太多误区,完全都是不应该犯的错误。你还会很快赢得客户的信任和赞赏,甚至建立起自己的专业形象。我们的目标很简单:在同等条件下,让客户优先选择你!

积微言细,自就鸿文。艰难困苦,玉汝于成。

职场上从来没有什么"逆袭"。我一直认为,这都是长期积累之下的水到渠成。正如胡适说的:"要怎么收获,先那么栽!"你没有用心去学习,没有认真去工作,没有拼尽全力去跟同行竞争,凭什么客户就要垂青于你呢?凭什么你就能比别人做得更好呢?

大道理谁都懂,可真正做好且付诸实践的,却凤毛麟角。我在这里要感谢你和恭喜你。感谢你购买和选择了这本书,这是对我的鼓励和支持;恭喜你购买了这本书,这是你对自己的坚持负责。

感谢北京工业大学出版社和马超女士,给我这个宝贵的机会,让我能够把很多想法落于纸面,奉献给广大的中国外贸人。感谢他们在我写作过程中提供建议、支持和鼓励,这一切不但激发了我的灵感,也勾起了不少回忆。

感谢我的家人在我写作过程中给予的理解和支持,让我可以尽情享受一个人的精神盛宴,重新回顾职业生涯中的故事和事故,用另一个视角来审视自己。

我认为,每一个入门的外贸人,只要在专业、效率、服务上,能够脱颖而出,"弯道超车",可以做到"胸中有丘壑",就可以成为别人艳羡的那个人,成为外贸高手。我相信,属于这一代外贸人的传奇才刚刚开始,新的设计理念、营销思路、产品开发、价值传递、渠道管理、供应链把控、品牌出海等，都会在不久的将来于这代外贸人手中逐步完成。

"十年饮冰，难凉热血。"这是梁启超先生《饮冰室文集》里的一句话，也是我的座右铭和微信的签名，我一直用它激励自己，让自己再努力一些，再思考一些，再创作一些，再总结一些，再坚持一些。或许在某个转角，新的机会就悄然而至。

风起于青萍之末，浪成于微澜之间。

十年过去，我还在外贸路上奔跑，你愿意同行吗？

毅 冰

2022 年 4 月 26 日

于杭州

目录

第一章 厘清找客户的基本逻辑
- 第一节　圈层与客户分类大逻辑　///　003
- 第二节　保持主动出击态势　///　010
- 第三节　"互联网+"下，展会仍重要　///　018
- 第四节　社媒营销新思维　///　026

第二章 写出不过时的开发信
- 第一节　老外贸人也会忽视的十个问题　///　035
- 第二节　"美容"后的开发信这样写　///　049
- 第三节　用 Mail Group 实现立体营销　///　054
- 第四节　从几封创意开发信找灵感　///　063

第三章 精细执行，让开发更高效
- 第一节　你无法预测每个询盘的结果　///　073
- 第二节　赢了辩论，输了订单　///　079
- 第三节　坚持底线，巧妙妥协　///　085
- 第四节　画蛇添足要不得　///　090
- 第五节　商务礼仪不容小觑　///　094

第四章 报价单里的大智慧

第一节　告别"土气"报价单　/// 103
第二节　三步走向"专业细腻"报价单　/// 107
第三节　充满大牌感的极简报价　/// 113
第四节　特定场景下的总结式报价单　/// 118

第五章 深入解构谈判

第一节　厘清谈判步骤　/// 123
第二节　与新开发客户的初次谈判　/// 133
第三节　解析价格谈判的奥秘　/// 140
第四节　影响谈判结果的五大要素　/// 150

第六章 付款方式的博弈

第一节　T/T，非双赢不合作　/// 163
第二节　信用证，没有那么可怕　/// 168
第三节　D/P 和 D/A，风险如何权衡　/// 174
第四节　客户要放账，怎么办　/// 177
第五节　付款方式的安全性比较　/// 180

第七章 专业化跟进客户

第一节　细分目标客户　/// 187
第二节　量化日常工作　/// 194
第三节　出手必须果断　/// 199
第四节　放下歧视思维　/// 204
第五节　提高客户忠诚度　/// 211

第八章 外贸漫谈

第一节　跨境电商与传统外贸　/// 227
第二节　人口红利削弱与外贸工厂外迁　/// 233
第三节　行业和选品的权衡取舍　/// 239
第四节　透过现象看本质　/// 244

第一章
厘清找客户的基本逻辑

客户从哪里来？
怎么找客户？
看看系统化的思维架构吧……

第一节
圈层与客户分类大逻辑

如何找客户？这是贯穿外贸人职业生涯的终极话题。我们可以从圈层入手，分类客户，定向突破。

一、外贸人的终极话题

"如何找客户"，从某种意义上说，是贯穿外贸人职业生涯的终极话题。

也许从你入行外贸的第一天起，你的上司就会告诉你，要学会开发客户，要设法成交订单。可究竟如何开发？究竟如何成交？

有没有系统化的方法和理论？

大概率是没有的。往往都是通过口口相传的方式，手把手传授一些碎片知识。或许你知道以下这些关键词（见图1-1），知道这些都是开发客户的途径，可依然停留在"知其然"但"不知其所以然"的阶段，盲目开发，胡乱工作。能成，那是运气还不错；不能成，归咎于世道不太好。

可事实真是如此吗？你的认知和理解，就真的到位吗？还是处于一个零敲碎打但没有主线的阶段？

我们要找客户，要解决这个终极话题，就要先弄清楚客户的来源，然后搞明白客户分层和转化的逻辑。这样，在工作中才能有针对性，可以庖丁解牛般地拆解和量化工作流程和步骤，提高客户开发的成功率。

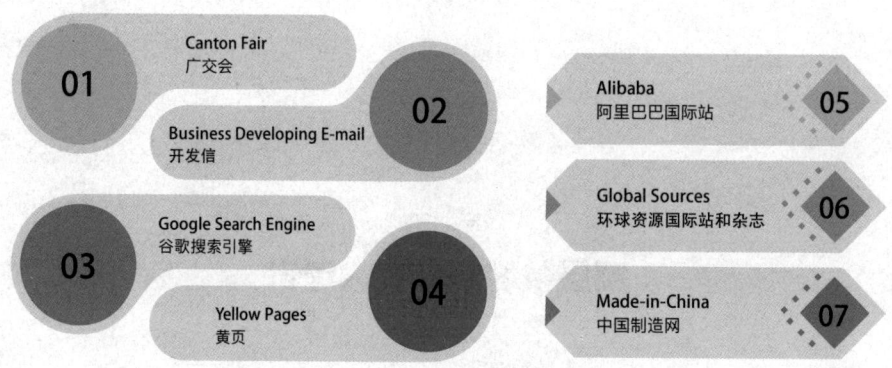

图 1-1 对于找客户的关键词认知

二、成交订单的八个模块

你以为,你能联系上客户,就会有订单吗?你以为,收到客户的询盘,就能成交吗?你以为,来回沟通很多轮,就有下文吗?找客户并不是万能的,找到客户后怎么做,才是终极话题背后的解密钥匙。

订单能够成交,有很多偶然因素使然,但同样有不少必然的因素在其中。尽人事、听天命,这是我们常挂在嘴边的话。那如何"尽人事"呢?埋头苦干,用大量时间去堆积?这是远远不够的,低效率的努力不如一整套科学化的流程(见图1-2)。

严格意义上讲,如果进行科学化的拆解,这八个模块的内容,都是不可或缺的。

(1)调研(Research):这是所有外贸工作的基础,不管是主动开发还是被动询盘,都需要做简单的调研。了解客户的需求,了解客户的意图,了解客户的目的,了解客户的公司,了解客户的产品和价位等,为后续的跟进和谈判提供证据支撑。

(2)报价(Pricing):价格不是万能的,但价格不好是万万不能的。前期的报价试探,很多时候是在寻找契合度。我们是否能到达客户的心理价位,有没有后续谈判的可能,都跟报价有关。

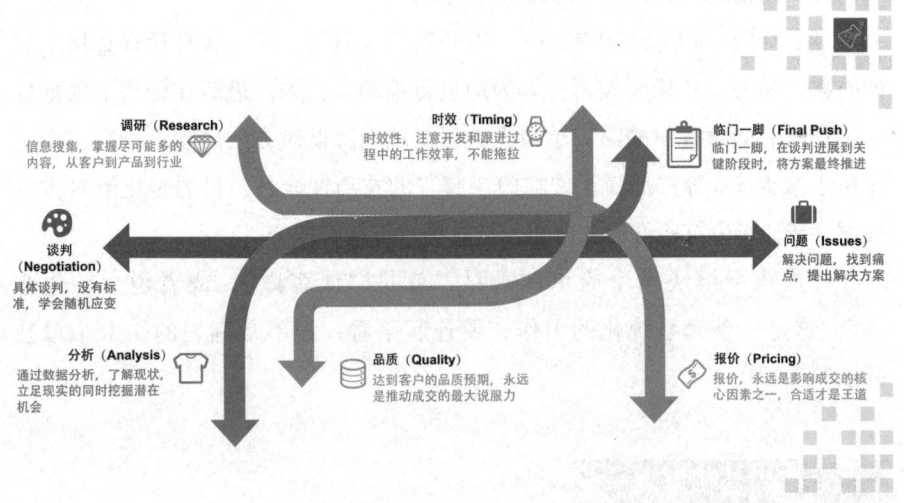

图 1-2　成交订单的八个模块

（3）谈判（Negotiation）：外贸工作的本质是跟客户打交道，是人与人之间的谈判和博弈。要适应不同客户的谈判方式，要了解不同客户的工作节奏。有的客户想买自行车，有的客户喜欢拖拉机，这都很正常。不能把我们的思维强加在客户身上，要避免经验主义。

（4）问题（Issues）：解决客户的问题，找到客户的痛点。要研究解决方案，找到应对策略，少一些虚无缥缈的口号，多一些实实在在的处理问题的能力，详细落实和执行下去。

（5）时效（Timing）：没有人愿意为一个很基础的询价等待一周甚至更长的时间。在开发和跟进过程中，迅速回复客户，不因为时效性而失去宝贵机会，是外贸人必须坚决执行的。

（6）品质（Quality）：毋庸置疑，客户都希望产品的品质达到甚至高于预期。相信我，在品质上，跟客户认真分析和讨论，并且可以找到支撑自己言论的证据，这对于成交起着关键性的推动作用。

（7）分析（Analysis）：单纯的调研，只查找和检索信息是远远不够的。调研过后，还需要针对手中掌握的信息，抽丝剥茧，去分析和总结，提炼有效内容，在立足现实的同时挖掘潜在机会。

（8）临门一脚（Final Push）：当开发陷入僵局，或者暂时没有直接进展的时候，需要一些谈判技巧，人为地进行推动。比如，最后在价格上象征性让步；最后同意客户的第一单减少数量，从而降低对方的风险；最后在定金比例上减少 5% 等，都属于"临门一脚"的技巧性谈判，目的是化解对方的疑虑，或让对方有些许的获得感，从而推动订单的成交。

对这八个模块做个简单的总结，就是"谈客户"，或者说"转化客户"。这是一整套系统化的工作，要连起来看，而不是割裂的一个个单独的步骤。

三、客户从哪里来

一旦明确了"客户成交"的整体逻辑和相应模块后，就可以有针对性地分析外贸人关注的终极话题：客户哪里来？

对外贸企业而言，客户主要的来源，或许有以下四种（见图1-3）。

线上（Online）
比如通过官网、电商平台、社交软件等联系上的客户

线下（Offline）
比如通过展会、项目投标会、地推等方式接触到的客户

未知（Unknown）
大家都忘了因为什么原因拿到的客户名片或联系方式，或已经进入公司资料数据库的客户

其他（Others）
比如朋友介绍的客户，或者公司曾经终止合作很多年又起死回生的客户等

图1-3 外贸客户的来源

如果一个做家居礼品的贸易公司，它的客户来源主要是中国进出口商品交易会（以下简称"广交会"）、德国法兰克福国际秋季消费品博览会（Tendence）等线下展会，那么它的业务属于线下范畴，即"线下来源"。

如果一家做工具的外贸工厂，既会参加广交会，也会通过阿里巴巴国际站运营自己的店铺，获取询盘，那么它属于既有"线下"也有"线上"业务。

这些都很好理解，如果再做精细的梳理，暂时撇开跨境电商部分，单独分析传统外贸的客户来源，那么我们可以总结出如图1-4所示的思维导图。

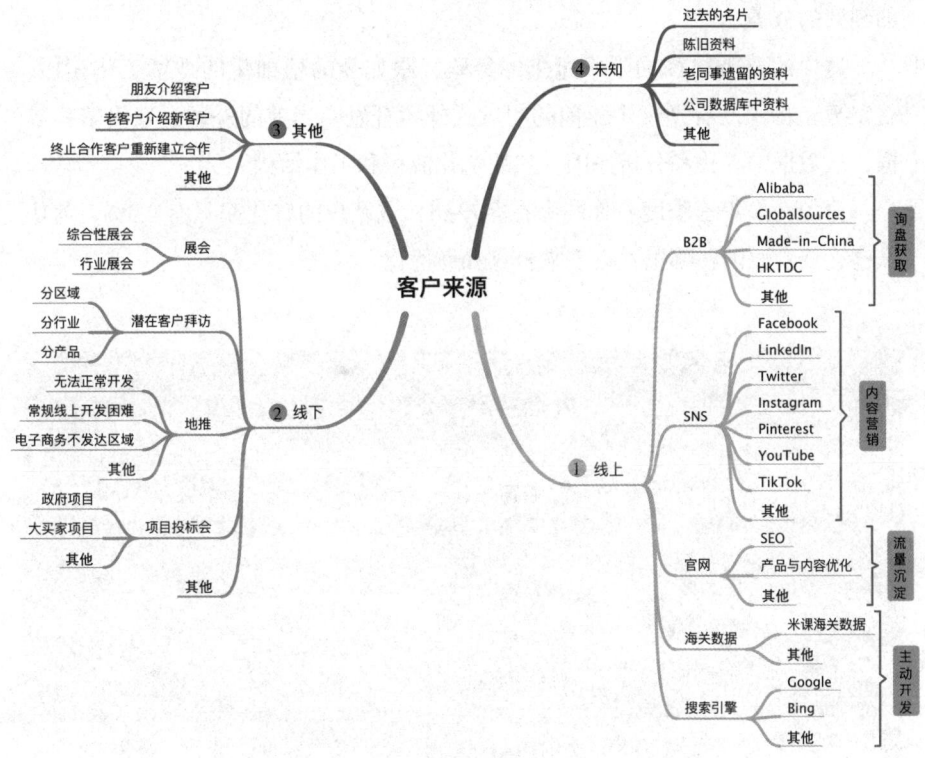

图1-4 客户来源的思维导图

可见，随着互联网的发展，线上部分的比重逐渐增加，从过去的线下补充，到后来的线上线下分庭抗礼，再到如今的线上占据更大比重，这是时代和技术革新所带来的结果。

这也告诫外贸人,要拥抱新时代,要接受新技术和新的渠道发展,不要把自己的思维局限于过去的经验。

四、客户圈层的逻辑解析

很多朋友都明白何为客户分类,也在实际工作中把接触的客户分为"潜在客户"和"成交客户"。然后,或多或少会根据客户的市场和优先级,做更加细致的分类。

这样的分类往往局限于过去的经验,跟如今的精细化的外贸工作相比,就略显粗糙了。有别于十年前的粗放式外贸开发,当前的外贸开发更依赖数据,从数据中寻找和分析原因,然后优化流程和工作结构。

比如,去年三季度,你的潜在客户到私域客户的转化率只有2.3%,为什么这么低?原因在哪里?接下来打算如何优化?

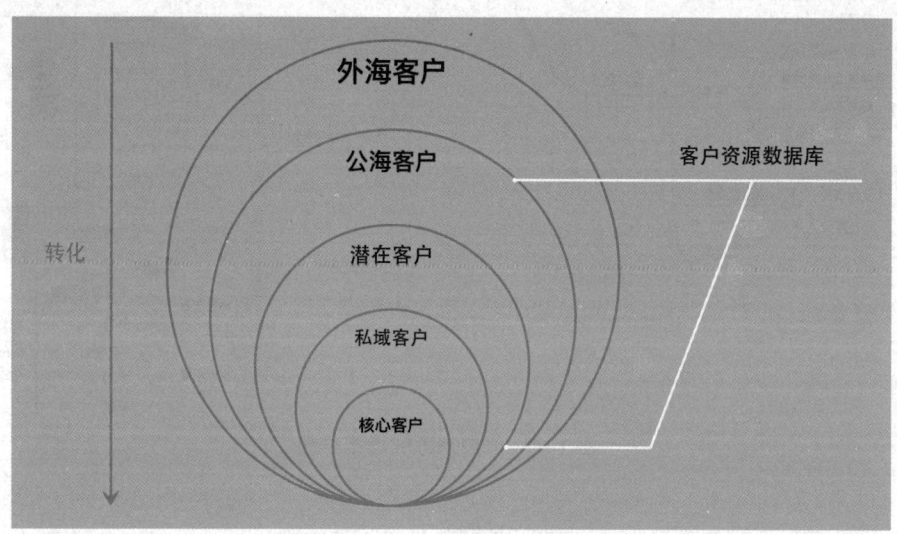

图 1-5 客户圈层的逻辑解析

而这些问题的答案，若没有详细引入客户圈层概念，没有做客户管理的日常工作，都是无从得知的。如果缺乏大数据，我们就没有办法去做数据分析。如果我们还是拍脑袋决策，凭经验工作，那么效率和结果或许会相对糟糕。

最外层的是任何"待开发的客户"，也可以理解为还没有开发和接触的客户，即"外海客户"。

我们通过线上、线下等渠道正式接触和开发，但暂时未成交的客户都属于"公海客户"的范畴。

而在公海客户中，必然有一些客户谈得比较深入，有成交的意向，或者已经进展到样品和订单细节的谈判，这类客户"意向很高"，成交可能性不低，就是"潜在客户"。

到了这个圈层，就会有一定的潜在客户被转化成功，下订单，开始正式合作，由此进入了公司的"私域客户"范畴。这一类客户，我们有成交记录，能继续合作，能长期开发，也能随时互动，甚至有机会往最内层转化，成为公司的"核心客户"，也可以理解为核心收入和利润来源。

一旦明确了客户开发的圈层概念，我们就可以在外贸工作中，进行一定的数据统计，测算每个阶段的数据和转化率，找原因，优化流程，从而对症下药。

第二节
保持主动出击态势

守株待兔不可取,学会主动出击,做好开发矩阵,开启差异化营销。

一、不能依赖被动询盘

今天,你还在依赖被动询盘,守株待兔吗?

像很多年前那样,在 B2B 网站上传产品图片和描述,然后坐等客户的询盘,再优哉游哉地报价和跟进吗?

很遗憾,如今的竞争越来越激烈,一片红海,价格拼杀惨烈,生意完全没有过去那么好做了。询盘开始变少,报价单石沉大海,订单逐渐碎片化,客户到底都哪儿去了?

这里面有三个大的趋势。

第一,竞争对手的增加。过去,电子商务刚刚兴起,大量的企业并没有从传统的线下渠道往线上转型,出现了红利期,而且维持了好多年,获得询盘相对容易,获客成本也偏低。如今,大量企业开始往线上渗透,导致竞争更加激烈,分给每个企业的询盘变少了。

第二,商业模式的变化。互联网发展初期,外贸仅仅依赖于 B2B 网站,展示产品,获得询盘,对接客户,成交订单。B2B 的模式,是相对传统的信息交换。现在,已经到了"互联网+"的时代,这就势必让很多产品变得不适合原有模式。

第三，社媒平台的兴起。这些年，大量社媒平台带有自身特质和不同属性，吸引了大量的客户和消费者。其中，自然孕育出各种特殊的商业模式。有人的地方就有流量，有流量的地方就有生意，这在某种程度上，也对外贸行业的传统渠道进行了更多分流。

所以，在很多年前，单纯依靠 B2B 网站带来的被动询盘，或许就足以使生意兴隆，因为竞争不充分，因为这还是个新鲜事物。可如今，大量的竞争对手入局，更多、更复杂的新模式和新媒体出现，让"躺着收获"的被动询盘模式日益少见。

我们应该怎么做？

二、学会主动出击

若是把眼光放在一个小小的家庭上（见图 1-6），一个合理的、安全的、抗风险能力强的收入模式，应该是怎样的？

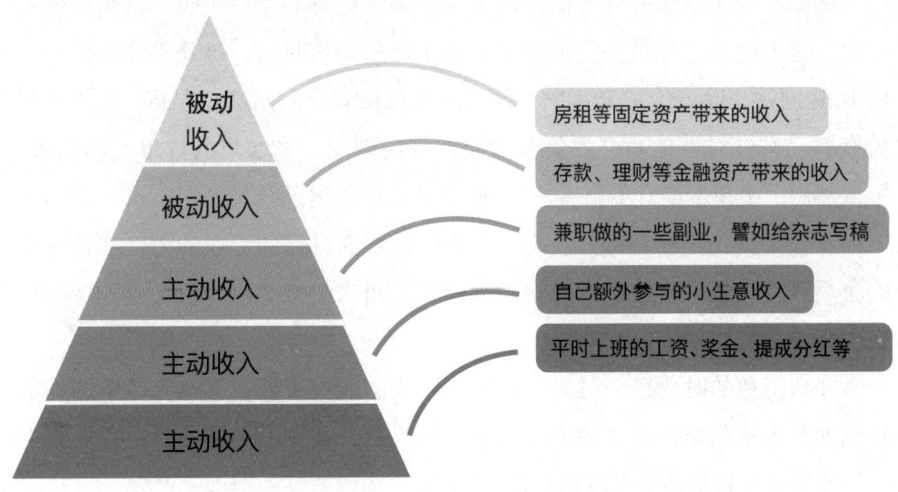

图 1-6　一个普通家庭的收入模型

通过图 1-6 可以看到，哪怕只是一个小小的普通家庭，真正的收入基础，一定是"主动收入"。而所有的"被动收入"，都可以理解为锦上添花，是一种额外的收入。这样的结构，使得这个家庭的抗风险能力就比较强。

我们假设，如果这个家庭，夫妻俩决定放弃工作，一起辞职，转为高度依赖理财、房产的租金等被动收入生活，这样做不是不可以，可如果家底不是很厚的话，只要有一点风吹草动，譬如理财赔本、租客退租后大半年房子都没有再租出去，那对于家庭收入来说绝对是雪上加霜。在这个时候，你如果因为焦虑而贸然投资不熟悉的金融产品，那么或许就真的会导致血本无归。

同样的情况，也适用于外贸企业。如果你的开发和销售渠道过于单一，而且高度依赖被动询盘，那么一旦平台的规则改动，或者市场出现变化，询盘的质和量都大减，你该怎么办？要如何生存？

更何况，时代在变化，消费者和客户的使用习惯也在变化中，过去的模式，未必就能长期适用下去，没有人知道将来会怎样。这就告诫外贸人，要与时俱进，放弃依靠被动询盘的"躺赚"思维。要做一些更深入也更有难度的主动开发工作，就变得十分必要且迫切。

例如，老生常谈的开发信，这么多年来，还有必要使用吗？其实依然有必要。笔者的一位学员为深圳一家音箱工厂的销售总监，她几乎没有使用任何 B2B 网站，除了维护老客户，就是研究目标客户的网站、产品、价格及相关资料，有针对性地写开发信。即使在疫情期间，老客户的订单大幅缩水，她依然创下了单季度开发新客户 1000 万元订单的纪录。

有什么奥秘吗？其实并没有，无非就是依靠自己的专业能力，结合充分的幕后工作，找到客户的产品定位和痛点，再来一套"组合拳"，精准定位，定向开发。

守株待兔的时代已经过去，不要期望我们能一直处在不充分竞争的外贸红利期。未来的路，要主动出击，去寻找机会，在本书的第二章，我们会进一步阐述和分析最新的开发信写法。

三、差异化营销，针对性突破

"差异化"的口号，无数的外贸人都在喊，可如果你认真追问一下，究竟如何打造差异化？可能不少外贸人都会支支吾吾半天，然后告诉你，好像我们的产品没有什么特别之处，好像我们的价格也不太有优势……

试问，若是你连自己都无法说服，又该如何说服客户？如何让客户信赖，从而给你机会？

案例1-1　小公司的差异化

浙江台州，某家2020年新成立的小贸易公司，仅仅用了一年时间，卖面包篮等小件收纳产品，从零起步，做到了170多万美元的年销售额。

他们的产品没有特点，在浙江、山东、福建有许多工厂生产同类产品。他们的价格没有优势，因为贸易公司最终需要下单给工厂。竞争同样激烈，他们要面临国内外无数同行的竞争，并没有任何特别之处。

那他们究竟是怎么做到如此高的年销售额的？这是因为他们的创始人用了不一样的客户画像。

他发现，同行们主要把这类产品的客户定位在海外的超市、连锁店等，把品牌商、厨房用品的进口商作为主要开发对象，但是这已经是一片红海，机会太少。能通过搜索引擎和海关数据找到的客户，估计早已经被同行的开发信无数次"轰炸"过了。

他开始转变思维，把两个类别的客户作为主要突破对象，寻找相应联系人，有针对性地开发。

第一类：酒店用品的客户。随着酒店行业的逐渐复苏，专门从事酒店用品项目采购的公司，往往会需要面包篮这个单品。

第二类：泰国、印度尼西亚以及其他东南亚地区的面包篮的生产商。这些国家受疫情影响，产能无法恢复，自然无法全面给欧美客户供货。

这时候，如果尝试给这些同行供货，他们可以继续维护老客户，而我们能借力完成出货，形成双赢的局面。

转变思维，根据具体的形势做差异化的营销策略，再针对性开发，果然取得了不俗的业绩。表面上看，这是不按常理出牌，其实不然，这是做了充分的调研和分析后的商业策略，等于重新做了渠道定位。

一家小水果店，如果想在众多水果连锁店、超市以及外卖商家的竞争中活下来，甚至活得很滋润，就一定要找到差异化的商业模式，也就是核心竞争力。它的核心竞争力或许是服务出色，或许是渗透辐射了周边小区的住户，或许是通过巧妙的会员体系捆绑了忠实用户，又或许是老板娘特别能说会道。

一家小贸易公司，能在与无数大公司的竞争中生存，甚至维持不错的利润，其背后一定有内在的原因。可能是一站式服务到位，解决了许多客户高昂的沟通成本问题；可能是业务员谈判能力特别强，且专业素养极高，让客户充满安全感和获得感；可能是供应链管理到位，从打样到报价，从出货到品控，每个环节都合理且高效，让客户十分满意。

差异化营销的背后，不仅要做好自身定位，策划销售产品，更需要布局未来。如何让客户信任我们，愿意给我们机会尝试，进而转化为生意伙伴乃至深度合作，这是外贸人需要反复思考并设法解决的核心问题。

做一个简单的量化，可以参照图1-7，看看开发矩阵究竟是怎么一回事。

第一象限是"需求探讨"，在找准目标客户后，用专业化的处理方式，给客户提供最合适的产品和方案。你有需求，我足够专业，全方位满足你的需求和给你解决问题，这就有了合作的空间。

第二象限是"差异定位"，要明确自身的差异化所在，寻找和打开细分市场。不是所有的客户都适合自己，也不是所有的机会都需要争取。差异化背后，其实是根据消费偏好来制定自己的产品和营销策略。

第三象限是"背景调查"，对于目标市场和潜在客户，需要尽可能收集到更多的信息，从而在谈判和开发过程中起到指导性的作用。知己知彼，百战不殆。开卷考试，甚至半开卷考试，总比闭卷考试要容易许多吧？

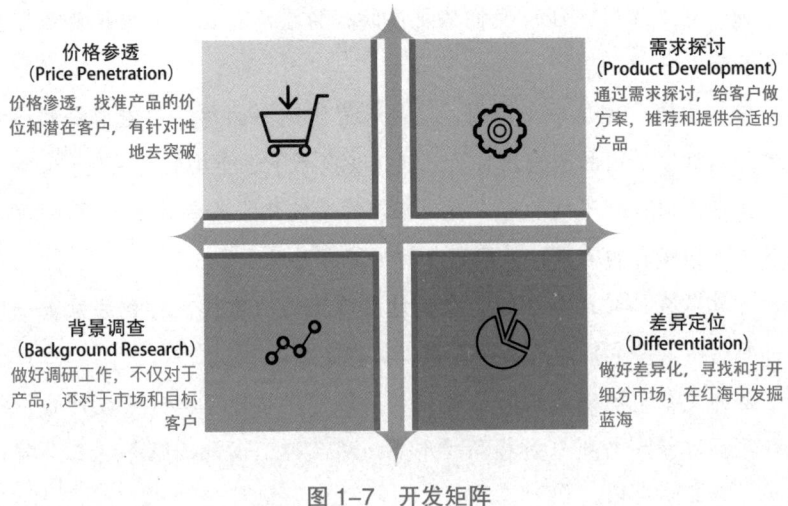

图 1-7 开发矩阵

第四象限是"价格渗透",不同的价位背后,针对的目标客户人群是完全不一样的。不是越便宜越好,也不是越贵就越有人买,而是要把价格和产品匹配起来,有针对性地开发自己的细分市场。

案例 1-2 PHILOTIMO 的开发矩阵

我们在创立 PHILOTIMO 品牌时,也经历过长时间的考虑和研究。有同事认为,毅冰就是外贸圈的一个符号,有大量的粉丝和用户基础。凭借这一点,我们卖什么产品都不愁客户,只需要反复推广,触及用户就可以。

这个想法不能说完全错,但似乎更多地停留在一拍脑门做决策的阶段,并没有科学的根据。举一个很简单的反例,我们的用户能多过那些娱乐圈明星的"粉丝"吗?这不现实。可即便是流量明星,他们做服装、开餐厅、卖产品,其中的很多人照样赔得一塌糊涂。可见,如果缺乏明确的产品调性和差异定位,"粉丝"经济是不具备长期生存的价值的。

通过开发矩阵，能让我们从更高的视角看清自己，去审视商业模型是否合理和靠谱。

价格渗透：定位中产阶级，这类人有审美和品位，希望用更有设计感的饰品和家居用品来愉悦自己，能接受高于下沉市场的产品定价。

需求探讨：给不同的客户提供相应的个性化服务，满足自用、搭配、送礼等不同场合的需求，并采用多种物流和包装方案。

背景调查：对比如今的小众设计品牌市场的规模，对竞品做进一步的分析拆解，给我们的产品研发提供数据支持。

差异定位：明确我们的品牌格调，维持产品外观和包装设计的独特性，不靠冲量和打折来折损品牌形象，从品控、设计、服务这三个端口入手，砌高防火墙。

近两年来，大量的客户开始主动洽谈合作事宜，不少线下的中高端渠道都向我们抛出了橄榄枝。这至少说明基于开发矩阵的差异化营销手法，是可行的。

四、主动出击的标准作业流程

跟"主动出击"这个词组相对的，自然就是"被动等待"。

如今的时代变化太快，互联网的最大作用，是把交易环节缩短再缩短，是对于效率的反复提升。

十多年前，我们可以在 B2B 平台上传产品，然后从容地等待询盘的到来。

现在呢？渠道变得分散，订单逐渐碎片化，客户可以通过互联网轻易找到大多数产品的供应商，同行个个如狼似虎地到处抢客户……既然如此，买家为什么要特别留意你，给你发询盘呢？

除非你的产品无比独特，又或者你的产品价格特别有诱惑力。其他原因呢？当然也会有，比如，个人的喜好，第一眼的缘分等，都有可能。但这些都太玄乎了，我们总不能每天什么事情都不做，就守在计算机前等客户上门吧？

主动出击吧！不要再浪费时间了！时间成本，同样也是成本，甚至这个成本会越来越高，高到令外贸人不堪重负。

如果用标准作业流程来量化，可以简单分为四个阶段，如图1-8所示。

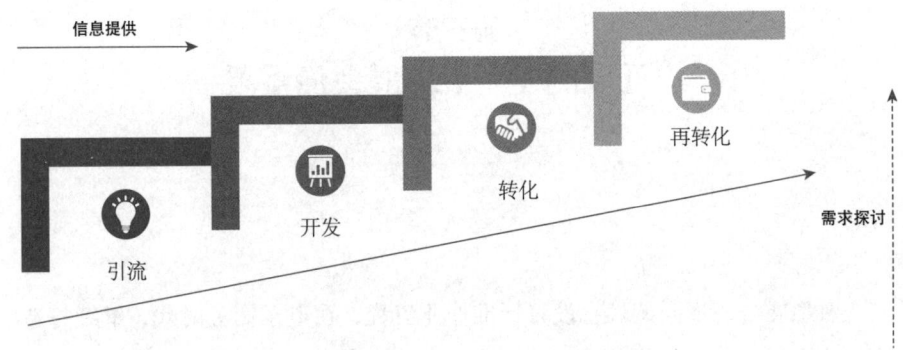

图1-8 主动开发客户的标准作业流程

第一步：引流。我们从任何渠道做内容输出或广告，寻找和联系客户，都属于引流的范畴，让陌生客户开始知道我们的存在。

第二步：开发。引流后的下一个动作，就是设法通过谈判和需求探讨，进入业务环节的深入讨论。我们要明确自身的优势和特点，要了解客户的痛点和需求，给予专业化的意见，进而推动到下一个步骤。

第三步：转化。开发后的下一个动作，就是设法转化客户，推动订单成交。把潜在客户和意向客户，真正变成我们的成交客户。

第四步：再转化。订单不是一次就结束的，要尽量延长和每个客户合作的生命周期，把短期订单转为长期合作。再转化，就是一个项目切入后，通过售后服务、新品开发、产品优化、成本控制等方面的工作，进入返单和新订单的阶段，提升客户的复购率。

第三节
"互联网+"下,展会仍重要

熟悉展会的不同调性,设置标准作业流程,在电子商务时代,继续打造第二曲线。

一、互联网难以颠覆的传统模式

说起展会,很多年轻一代的外贸人或许会觉得,这是20世纪的产物,是老古董般的外贸模式了,可事实真的如此吗?

其实不然。

在开发客户的渠道中,展会的效果可以排在第二位,比线上沟通和开发的效率更高。至于排名第一的,不用说,一定是由老客户或者朋友介绍来的新客户,有相应的背书,自然比展会的效果更佳。

只是对很多新人而言,并没有过去的人脉积累,也缺乏老客户的沉淀,一切都需要从零开始,展会就成了接触和面对客户的重要途径之一。

互联网变革如此迅速,为什么直到今天,依然没有取代展会的地位?我个人认为,可能有以下原因。

第一,虽然互联网提升了办公效率,比如一台计算机或者一部手机可以联系全球,但是其沟通成本也相对较高。如果再加上时差等因素,可能几个问题要来来回回沟通十多封邮件,时间跨度在一周以上。

第二，海外大量的采购主管和管理者，往往都是资深的商务人士，他们时间紧张，往往都有核心供应商，他们习惯在展会上直接沟通和物色新供应商，比较反感在线上无休止地比较价格。

第三，通过线上的交流，客户对于供应商是心里没底的，因为看到的是文字、照片、文案等一系列营销的手段，背后的供应商是否靠谱？产品是否合适？客户是存疑的。

第四，买手在展会上能直接看到和摸到产品，能准确对应产品和价格，这种真实感和体验感，以及跟业务人员面对面的交流谈判，都是互联网所无法轻易取代的。就好比你在线下的服装店，可以真实地看到衣服，可以试穿和体验，这并非是线上几张图片、几个视频可以替代的。

第五，展会可能会给买手带来一些意外惊喜。比如在没有明确目标的情况下，发现了一些比较有特色的产品，迅速满足了采购需求。又或者自己一直苦苦找寻的同行的供应商，居然就在展会上出现了。

第六，对于一些专业的产品，通过互联网很难触达其覆盖的人群。但是专业化的行业展，汇集了这个领域的买家，大大增加了彼此间的匹配度。

因此，传统的线下展会，依然是如今无法被互联网所颠覆和取代的重要渠道，是一代又一代外贸人所无法忽视的。

二、不同展会的不同调性

是不是参加展会越多越好呢？当然不是，世间万物都是过犹不及，最重要的是合适，是高度匹配，而不是一味贪多。

比如说，上海的某家贸易公司，做家居用品和礼品相关产品的出口，其主要市场是西欧。那么，德国法兰克福的国际秋季消费品展（Tendence）和国际春季消费品博览会（Ambiente）等展会就很对口。也可以考虑综合性的广交会二期，以及香港贸发局主办的礼品展。

比如说，广州的某家工厂，做的是儿童服装的生产和出口，其主要市场是美国。那么，它可以考虑参加广交会三期，也可以选择美国纽约和拉斯维加斯当地的服装类行业展会。

　　不同的展会，其实都有自己的特点和定位，可以理解为调性不同。对于外贸人而言，在具体展会的选择上，有几个小技巧可以参考（见图1-9）。

　　（1）综合性展会：优点是观展客户人数多，有跨界采购的可能，也许会碰到一些意料之外的客户。缺点是难以分辨客户的专业度，以及跟自己产品的匹配度。

　　（2）专业性展会：根据行业和产品所设立的具有高度针对性的展会。这类展会未必有极多的观展人数，但其优点是客户具有高度针对性。譬如建材类的展会，是不会有食品公司的买手过来的；宠物用品类的展会，是不会有电动工具的买手过来的。

　　（3）区域性展会：往往带有比较浓厚的当地色彩，有一定的品位和格调，而且以针对当地市场和周边市场为主。譬如在中国香港地区，香港贸易发展局举办的一系列展会，从装修格调到产品设计，总能给人耳目一新的感觉。又譬如在美国的展会，往往侧重于科技感和新奇的技术，一些电子产品、科技产品和互联网技术型的企业，都会选择在美国的展会来向全球推广其产品。

综合性展会举例：
- 中国进出口商品交易会（广交会）
- 中国华东进出口商品交易会（华交会）

专业性展会举例：
- 日本东京国际珠宝首饰品展览会
- 德国法兰克福国际消费品展览会
- 德国科隆国际五金工具展览会
- 美国拉斯维加斯五金工具及花园用品展览会
- 英国伯明翰国际机床工具展览会
- 法国里昂加工包装展览会

区域性展会举例：
- 中国香港秋季电子产品展览会
- 中国香港礼品及赠品展览会
- 英国伦敦电子商务展览会
- 阿联酋迪拜五大行业展览会

图1-9　不同调性的展会举例

如果我们做的是时装首饰和饰品贸易，去什么样的展会合适？当然可以参加综合性的广交会、华交会，可以参加自己瞄准的目标市场的专业性展会，还可以参加例如"一带一路"国家的区域性展会。

三、参展的三个技巧

相信很多外贸人对于参展，都有着丰富的经验。但是"有准备地策划和执行"和"无准备地随意摆摊"，还是有很大差别的。

在接近二十年的外贸生涯中，我参加过的国内外展会有一百多场。成功经历不算少，失败案例同样不少。许多故事和事故背后总结出来的技巧和经验，往往是最宝贵的。

<u>技巧一：准备工作尽早做</u>

我个人习惯于在展会开始前的三到六个月就开始筹备，因为这不仅是给公司打一个线下广告，更重要的是希望借此把产品推出去，吸引更多的潜在客户。订单的成交和客户的转化，是我们的终极目的。

既然如此，充分的前期准备工作就变得无比重要。

很多朋友对于参展，考虑的往往只有摊位的装修，准备布展的样品，安排具体的人员，设置差旅的预算等。这些东西固然都很重要，但还是远远不够的。

在准备每一次的展会前，我会针对以下问题，进行内部开会探讨，经过多次讨论和改进后，才制定方案。

> **案例 1-3　毅冰在参展前的六个准备问题**

- 这次展会准备展示哪些产品？
- 展示的产品有几个系列？彼此有多少联系和相关性？
- 这次采用的主题（Theme）和色调（Hue）是什么？
- 主推的产品是哪一款？为什么？

- 准备传递怎样的价值和优势特点？
- 营销文案和产品卖点怎么提炼？

然后在这些核心问题之外，再根据核对清单（Check list）来一一核对（见表1-1），确定除了参展的样品外，其他相关的"小东西"也都完全准备和安排好。

表1-1 参展前的物品检查清单

	产品	描述
☑	样本	针对产品的展示，尤其是需要展示的新品
☑	名片	虽然国内习惯用各种社媒添加联系人，但大量客户还是习惯交换名片
☑	手机	有强大拍摄功能的智能手机普及后，已经无须再准备相机
☑	充电宝	准备多个，我方使用，也可以借给客户紧急使用
☑	手提计算机	把电子版资料准备充分，若客户有需要，可以当场调出资料和发送邮件
☑	A4纸	当客户需要写写画画或难以用文字表达时给客户使用
☑	文具	包括中性笔、铅笔、橡皮、尺，照顾到不同客户的书写习惯
☑	报价单	公开的报价单需要打印好，对于没时间详聊的客户，可以随样本带走
☑	告示贴	给客户使用，我方也可以针对某些细节改动速记和拍照
☑	文件夹	把产品的测试报告、相关认证等打印整理好，一整份纸质资料便于随时展示
☑	订书机	直接把名片和客户记录的A4纸夹在样本里容易丢失，需要帮助客户订上去
☑	透明胶	布展完工后可以在展位外拉几条"禁止闲杂人等入内"，撤展时用来打包
☑	卷尺	客户询问产品或者包装尺寸时，可以当场测量给对方看

（续表）

产品	描述
☑ 电子秤	当客户询问产品重量或带包装重量时，可以当场称重
☑ 零食、饮料	在客户坐下来洽谈时，可以随意取用，降低戒备心
☑ 胶囊咖啡机	这是我特别喜欢在参展时带上的，配上数百个咖啡胶囊，供客户享用
☑ 纸杯	供客户喝咖啡时使用
☑ 方糖、牛奶	供喝咖啡时需要加糖和奶的客户使用
☑ 一次性搅拌棒	调咖啡使用
☑ 纸巾、湿巾	给客户擦汗和擦手用
☑ 免洗洗手液	很多客户习惯在吃东西前用免洗洗手液消毒
☑ 插线板	计算机和手机等充电时使用

前期准备充分一些，多花点时间，比别人多走几步，假以时日你就会发现，差距会越来越大，一整套的专业化流程，是可以"吊打"竞争者的。

技巧二：接待流程需明确

如果我问你，在展会上如何接待客户，你的流程是什么？或许你会一头雾水，会认为这就是很简单的事情，不就是跟客户打招呼，再询问需求，然后交换名片和登记信息吗？

在二十年甚至是五年前，你这么想，一点问题都没有。可如今，商业的变革越来越迅速，零敲碎打的散漫工作，一定不是专业团队的对手。

也许，A业务员特别出色，能说会道，对产品和行业非常专业，又有谈判技巧，在展会上直面客户带来了很好的转化，可B业务员能力一般，除了跟客户打招呼，询问对方的需求外，根本不知道如何找话题和切入点，最终就效果平平。

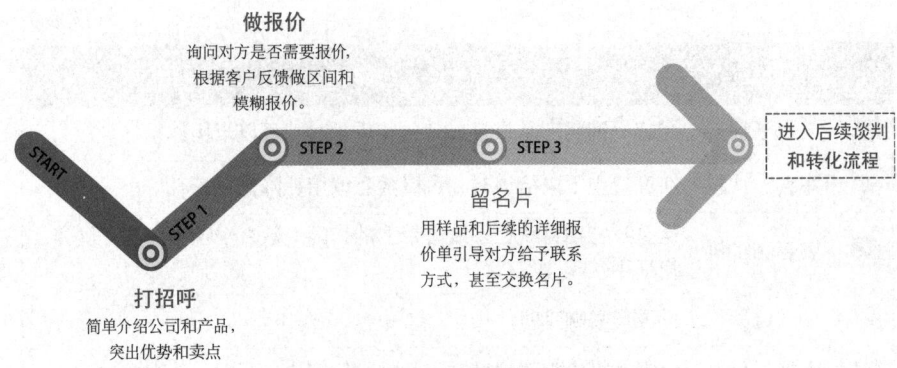

图 1-10 展会上接待客户的三个步骤

所以,参展过程中的客户接待流程(见图 1-10),必须定调,用一套标准的手法来应对。这是为了避免严重和高度依赖业务员的个人能力,用流程化的内容取代不确定的结果,提高成功率。

技巧三:幕后工作更重要

过去的一些错误做法,或者低效率的做法,很多业务员可能沿用到今天,可以对号入座一下,以下这些错误,你今天还在犯吗?

错误一:在展会上收集客户名片,等展会全部结束后,回来重新分配整理潜在客户资料,把内容和资源建档,然后再开始跟进。

错误二:对客户的要求和谈判内容,只是简单地在本子上做速记,等展会结束后完全没有印象,忘记当时的具体情况。

错误三:对于跟进无果的客户,认定是无效客户,就此放弃。

其实我想说的是,接触客户、谈判客户、服务客户、转化客户是一脉相承的。而很多业务员总是想当然地认为,客户跟你有联系,有询问,就应该会购买,这是错误的,这种想法大大忽略了业务员需要做的更多的幕后工作。

"天下武功,唯快不破"。我常常强调效率第一,展会上客户询问某款产品时,可能是他当下正有相应的需求。如果你可以给予明确而专业的答复,就有可能迅速推进。

可一旦拖延到展会结束,也许客户早就把这个事情忘在脑后,又或者你的同行更为高效专业,已经抢了本属于你的奶酪。对于幕后工作,我们也需要量化标准作业流程(见图1-11)。

要明白,在开发和跟进客户的过程中,是存在变量的,这个变量就是你的同行。你慢了,别人快了,可能就错失机会。你平庸,别人出色,或许客户就迅速做了选择。

参展很重要,但是具体的思维方式、执行能力、操作技巧,都有大学问,都需要外贸人反复琢磨、认真钻研。如张伯端在诗中所言:"火生于木本藏锋,不会钻研莫强攻。"

当天处理

当天接待的客户,当天晚上必须跟进,绝对不能拖到第二天。客户的问题要当晚就解决,发邮件通知客户。

即使客户很忙,对当天聊过的供应商,也会有一定的印象,我们当晚完成这个动作,就是"唤起客户记忆",刷存在感。

快速回复

有些问题无法当天回复,有些细节要跟公司确认,有些价格当天无法核算,有些配件要等采购消息,怎么办?

那就做一个"快速回复",把具体内容罗列并告知客户,什么时候可以给予准确答复。这是一个信号,让客户知道我们在做事。

反复跟进

跟进客户,并不是泛泛地询问和催促,这是很难有效果的。这里的核心在于价值传递,让对方有兴趣探讨问题。

只要客户没有明确拒绝,没有关上谈判的门,就要反复尝试,寻找突破口,寻找客户的痛点,提供解决方案。

图1-11 高效转化展会客户的标准动作

第四节
社媒营销新思维

B2B模式日渐式微,流量逐渐被社媒分薄。未来,多元化的发声渠道和内容矩阵架构会成为主流。

一、客户究竟去了哪里

近年来,令外贸人头疼的问题往往跟"客户"分不开。大家都在抱怨,都在疑惑,客户去哪里了?

在B2B平台大量投放广告,效果越来越差,询盘的质量在下降。

自建独立站,在谷歌(Google)投放广告,成本也不低,每个询盘的单价并不便宜。

参加线下展会,的确效果最好,但必须考虑成本预算,也受到时间和空间的限制。

貌似大家都在纠结,如今的客户究竟都去了哪里?

其实市场还是那个市场,行业还是那个行业,只是大家的渠道变得分散,已经不再像过去那样聚焦了。

很多年前,客户寻找中国供应商,最核心也是最有效的渠道,就是跑来中国参加广交会,在现场寻找供应商,直接看产品、谈价格。因为在那个年代,互联网并不发达,海外客户无法准确对接到中国供应商,只能采用线下渠道和面对面的方式。

后来，环球资源（Globalsources）、阿里巴巴（Alibaba）、中国制造网（Made-in-China）等 B2B 平台兴起和出现，客户可以通过互联网链接到中国当地的供应商，进行沟通和需求探讨。

而如今，互联网的深度变化，推动商业模式进行了更深入的变革，各种社媒渠道兴起，客户已经不局限于通过展会和 B2B 平台寻找供应商，可以通过领英（LinkedIn）、脸书（Facebook）、照片墙（Instagram）等社交软件迅速找到对口的中国供应商，甚至是最直接的联系人。

所以市场没有变小，客户没有变少，而是过去比较简单的渠道，如今变得分散和碎片化。用户和流量的变化，大致是这样的：

> 过去：展会 + 其他
> 后来：展会 +B2B 平台 + 其他
> 如今：展会 +B2B 平台 +B2C 平台 +C2C 平台 + 独立站 + 跨境平台 + 社媒渠道 + 其他

而这其中，社媒渠道的迅速发展，开始逐渐占据流量高地，使得外贸人不得不正视这个现象，并且深度参与其中。

二、六大社媒平台的用户偏好

也许你会偶然发现，很多海外的公司，会在各大社媒平台上经营自己的账号，输出和维护公司的形象，推广产品，渗透品牌故事，吸引用户关注并转化销售，等等（见图 1–12）。

图 1–12 是美国零售商必乐透（Big Lots）的官网首页，大家会发现，右下角的 Follow Us（关注我们）部分，有五个小图标，分别是 Facebook、Twitter、Youtube、Pinterest 和 Instagram，用户可以直接点击并关注相应的社媒账号。

除此以外，当你在 LinkedIn 上搜索关键词 Big Lots（见图 1-13），也可以定向找到公司页面和相应的员工的账号。

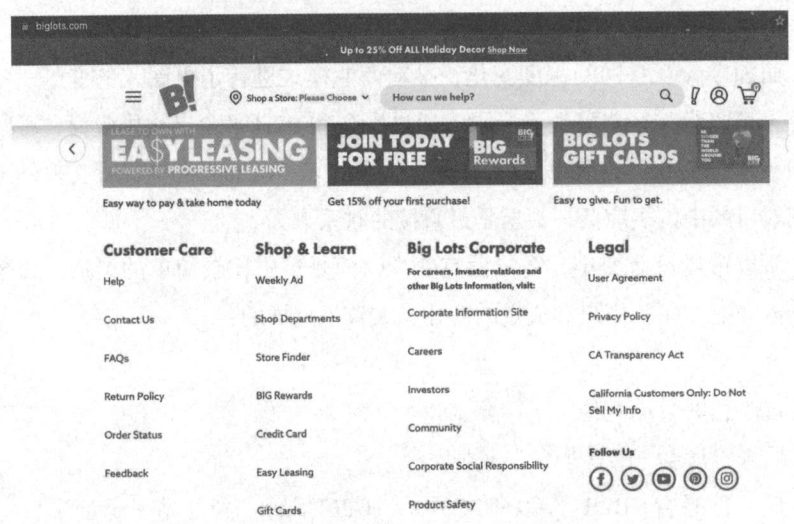

图 1-12 美国公司 Big Lots 的官网页面

（图片来源：https://www.biglots.com）

那对于外贸企业而言，是否应该开通所有海外社媒渠道进行全方位推广呢？

然而并不是。因为每个社媒平台都有自己的调性，都需要投入大量时间去运营和创造内容。大量的中小企业是无法做全网铺开的推广的，它们没有那么多的时间、精力和人员预算，只能有针对性地选择对自己相对适合的社媒渠道。

不同的社媒平台，其用户偏好和具体特点是有很大差异的。

LinkedIn：我个人认为这是最适合外贸人做传统外贸开发的社媒渠道。在这里，可以找到客户、同行、供应商，推广产品和沉淀内容。而且，LinkedIn 本身的招聘属性和商务属性，对于商务人士有充分的吸引力。

Facebook：日活用户数量最为庞大，绝大多数品类都能根据目标用户，定位到人口、区域、兴趣爱好、行为习惯等大数据偏好，通过广告投放来寻找最优受众。整体而言，Facebook 的商务使用更多偏向于广告投放和营销策划，纯分享和内容输出并不符合平台的格调。

Instagram：大量的图片分享，用图片来代替内容堆叠，这是 Instagram 的主要特点。如果你能产出大量精美、高质量的图片，特别是美妆、饰品、服装、礼品、旅行、家居用品等吸引女性的品类，更容易通过 Instagram 得到更多的扩散和分享。

Twitter：相当于海外版的微博，侧重于通过新闻、行业信息、观点分享进行内容层面的扩散。站在外贸企业的角度，可以用参与分享和讨论热门话题的方式，渗透产品和品牌价值，传递自己的想法和企业的故事。

Pinterest：其大部分用户是女性，她们更喜欢精美的图片和健康的生活方式。所以这个社媒平台侧重于五大板块的内容：美食、家居、健身、

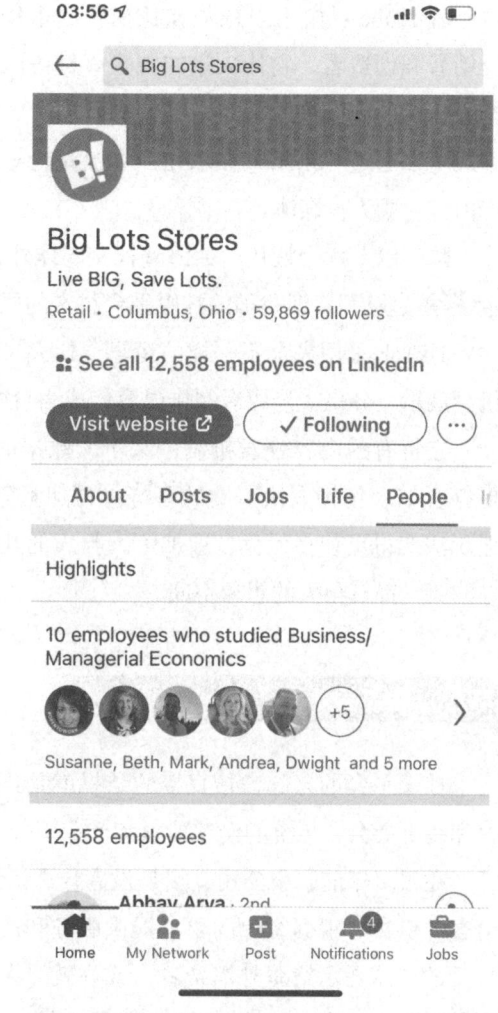

图 1-13 美国公司 Big Lots 的 LinkedIn 页面

（图片来源：https://www.linkedin.com/company/big-lots/）

服饰和美容，瀑布流的展示和内容的聚焦使得客户群体的黏性很高。通过 Pinterest 分享图片，引导客户通过附带的链接进入独立站，是这些品类商家的流量获取方式之一。

YouTube：由于短视频和长视频的市场需求，YouTube 逐渐变成内容的分销者和创造者，它让大量的视频素材得以沉淀，用户可以通过搜索和大数据分析后的内容展示，点击他们想看的具体内容。对于外贸人而言，有两种方式可以通过 YouTube 获取用户和流量。一是粗暴直接的广告；二是自己生产内容，成为自媒体。

除了以上六个最热门的海外社交媒体外，还有一个"搅局者"，或许会产生"鲇鱼效应"，即我国的社媒平台抖音的国际版——TikTok。

TikTok 采用完全不一样的逻辑，让大量的海外博主和草根用户，可以有机会展示、分享才艺或者制作内容，成为自媒体和新的网红。

它特有的内容分发机制，基于大数据的内容推送以及不拖沓的短内容，更符合如今年轻人快节奏的喜好。再加上直播功能、带货功能、打赏功能，把玩法变得更加多元化，增加了人与人的互动，不论是广告投放还是直接引导购买，都有很大的想象空间。

三、从内容矩阵到私域流量

社媒平台的兴起，最直接的结果就是：去中心化。也就是传统的外贸平台和线下展会，传统的销售渠道和产业模式，被彻底地打散和重新整合。

在很多年前，小公司其实是没有什么话语权的，其唯一的机会就是代工，给客户供货，根据客户的要求提供服务和产品，仅此而已。如果小公司要把自己的产品展示给海外消费者，或许就要在海外自建渠道开实体店，或者在海外媒体上投放广告，这个成本是惊人的，也是令一般中小企业望而却步的。

但社媒的出现，彻底扭转了这种情况。如果你经营一个小而美的品牌，或者有特色的产品，就有机会绕过中间商和渠道商，直接触达到消费者，打破过去根本无法曝光的局面，让信息传递更有效率。

所以，很多外贸人开始发现，社媒平台是用来经营内容、曝光产品和打造企业形象的。而多个社媒平台，或者单个社媒平台构建的内容矩阵，可以极大程度地扩散和吸引流量，并且将流量沉淀在自家官网，完成了从公域流量到私域流量的转化。

一旦客户变成了你的私域用户,就等于进了你的口袋,慢慢经营,慢慢转化,后续的机会和想象空间就无限大,如图1-14所示。

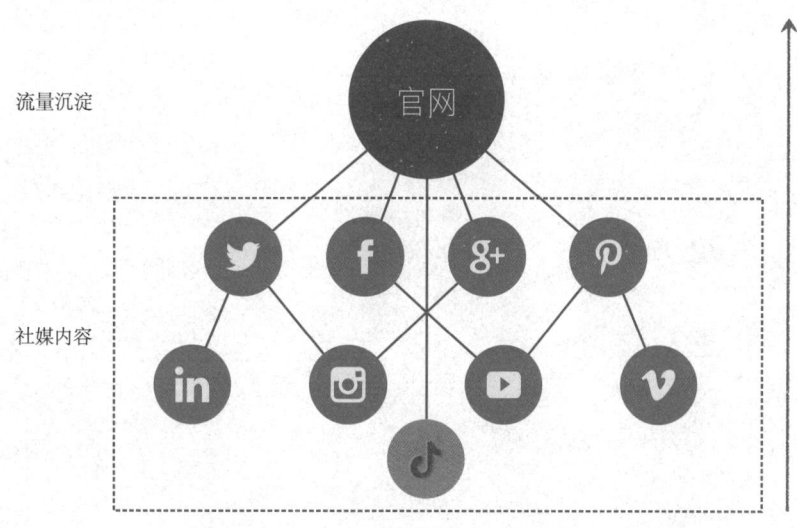

图 1-14　从社媒内容到私域流量的转化

四、你还在观望吗

当同行在一个个入局,当年轻人一批批习惯于使用这些社交媒体,你还在抱残守缺,固执地拥护旧的渠道吗?

时代在前进,社会在变化,商业模式每隔几年就会出现一次大的变革,这很正常。而我们要做的,是拥抱和接受变化,重新调整和改变自己。

如果说,过去的外贸行业是传统模式,随后是互联网赋能的电子商务时期,那如今就是"互联网+"的时代,是深度整合后的互联网2.0阶段,其不再是粗浅的内容整合,而是去中心化的新局面。

社媒的繁荣,自然而然就有了营销的新土壤,有了新的发展机会。

当变革来临时,你还在观望吗?

第二章
写出不过时的开发信

为什么你的开发信没人看?
为什么客户的回复率如此低?
因为你没做好有效的价值传递……

第一节
老外贸人也会忽视的十个问题

开发信回复率低？那是因为你在制造垃圾邮件。要解决问题，就要先找到原因。换位思考，降维打击！

一、开发信的低回复率

在如今这个时代，开发信真的还有用吗？

这是笔者经常碰到的问题，无数外贸人都对此表示疑惑。

也许从同事和前辈那里得知，如今的开发信效果非常差；也许从实际操作中发现，大部分的开发信石沉大海，杳无音讯。

很多新入行的业务员会抱怨，客户太难搞，竞争太激烈，同行太内卷，一百封开发信的退信可以达到四五十封，剩下的也基本得不到什么回复。偶尔或许有客户来一句"No, thanks.（不用，谢谢）"或者"Please remove my E-mail address from your contact list.（请把我的邮箱从你的联系人里移除）"都有可能让你激动半天。

大家有没有想过，为什么效果如此之差？为什么回复率如此之低？这背后是有多方面原因的。我们自然要先找原因，分析背后的逻辑，找到解决方案和应对策略，才有可能有针对性地去优化开发信，让回复率可以往上提高一些。

这的确有不少外部原因，但也有相当一部分的内部问题，是自己的能力有问题，开发信的内容根本不行。甚至可以说得更直接一些，很多业务员的开发信，不能称之为开发信，他们只是在制造垃圾邮件，仅此而已。

回到最初的问题，开发信真的还有用吗？答案是：当然有用！

只是如今的开发方式更加多样化，在信息爆炸的时代，客户所接收到的信息不是太少，而是太多，他们完全处于信息过载的状态。有可能客户停留在你邮件上的时间，仅仅是一秒钟，或者两三秒钟，可谓"一招决生死"。这几秒钟决定了你这封开发信的命运，再加上很多同行的恶性竞争，疯狂制造垃圾邮件，甚至用软件群发，从而让回复率进一步被稀释。

可即便如此，哪怕成功的概率一路下滑，依然还是有一定的成功率的。有市场，有需求，就一定有触发点，能通过开发信进行需求探讨，做价值传递，从而进入细节谈判和订单转化的过程。

所以不管时代如何变化，开发信在外贸领域里，依然是一个非常重要的课题，完全没有被淘汰。

低回复率，可能是以下五个原因造成的：

（1）内容毫无新意。

（2）通篇自吹自擂。

（3）推销成分过重。

（4）表达陈旧过时。

（5）主题不够明确。

当然还有可能因为各种失误或是错误，让收件方无比反感，使得开发信变成了"垃圾邮件"，而并非一次展示自我优势的机会。

二、外贸人常犯的十个错误

相信很多从事外贸行业的朋友，都是国际经济与贸易（以下简称"国贸"）专业出身，或者在业内已经积累了不少实战经验，对于写邮件的工作驾轻就熟，毕竟这是每天都在接触的工作。

你的邮件写法，是从哪里学来的？也许是来源于大学里的外贸函电这门课，或者市面上相应的一些教材，甚至是模仿同事和前辈的邮件行文。

可现实很骨感，大部分的教材，都是"学院派"人士编写的，内容和案例取材于海外20世纪七八十年代的商务信函类的书籍，其内容已经有了很大程度的过时。更何况老师们大多没有一线的外贸经验，或者曾经做过外贸但已经脱节很久，在这种情况下，教材的内容，就会显得跟不上时代的变化。

因此，学院派的邮件写法，内容当然没错，语法和用词也没错，只是如今以英语为母语的商务人士往往不这样表述。你写的东西，他们可以看懂，也完全能够理解，但像是有隔阂一般，因为他们自己根本不会这样写。

我们用中文举个简单的例子。比如你的领导有急事找你，他发了地址定位给你，让你直接打车过去，给你报销路费。你过去后，领导或许随口就问你："多少钱？你把发票给我，我微信转账给你。"

以上这句话，就是很自然的中国人之间的说话、方式，没有问题，也没人会觉得有什么不妥。那如果你的领导是外国人，学过中文，"学院派"味道浓厚，没有在中国生活和工作过，那他可能张口就是："请问车马费几何？提供票据则可做付款安排。"这句话你能听懂吗？当然可以，完全能够理解，但就是觉得别扭，因为不符合我们平时的语言习惯。

真正优秀的邮件，必须要模仿以英语为母语人士的行文方式，从具体思路到谈判逻辑，从遣词造句到语法结构，还有不同场景下的语境和代入感。否则，即使你的邮件写得四平八稳，用词没有任何错误，甚至放在大学考试里接近满分作文，可客户收到后依然怎么看怎么别扭，这种情况有很多。

我先简单列举一些大多数外贸人写邮件时常犯的错误，大家对号入座，看看平时自己的行文究竟存在哪些问题，接下来才能真正进入开发信教学的环节。

错误一：邮件内容过长。

客户的时间有限，每天要收到几十封乃至数百封邮件。若一个陌生人的邮件长篇大论，读起来云里雾里，一眼扫过去都不知道在讲些什么，还包含附件，很显然就面临 被删除的命运。

我问过很多西欧客户，他们处理一封邮件的时间一般就是2—3秒，大致扫一眼后马上做简单的判断：重要的，会仔细阅读并回复，或者标上记号，找其他时间处理；不太重要的，会在邮箱客户端里做简单的优先级标注，后期做针对性处理。

换言之，你的邮件，有机会停留在客户眼前的时间，也仅仅是两三秒，这就是决定命运的时刻。你是否还想着，写长篇大论，对方会很有耐心地细细品味？请问，你的内容有那么动人，文笔有那么惊艳吗？

错误二：没有明确主题。

不明确的主题，会让客户无所适从，根本不知道这封邮件的内容和目的究竟是什么。客户往往就不会点开，甚至直接删除。

一个好的主题，能立刻让对方明确内容，不做那种花里胡哨的文案渲染，笔者个人觉得是非常重要的。

比如，很多外贸业务员，会设置以下主题，不一而足。

案例2-1 错误的邮件主题设置举例

We're a manufacturer of furniture.（我们是家具生产商）

Need cooperation.（寻求合作）

Best price with free sample.（提供最好价格和免费样品）

JiangSu ABC Die Cast factory.（江苏ABC铸铁工厂）

New order.（新订单）

这些思路都有问题，甚至可以说大错特错。

第一个，强调自己是家具生产商，这个没有错，但是内容太泛，缺乏聚焦。全世界有那么多家具生产商，你对收件人来说有什么特别？为什么需要考虑你？为什么要看你的内容？定位和差异化在哪里？

第二个，寻求合作，这显然是非常落后的一种话术。虽然表明了观点，但是力量不够，完全看不出任何实质性内容。可以说，这依然是一种推销话术（sales pitch），很容易被忽略和删除。

第三个，提供最好价格和免费样品，虽然说到了一个卖点，有推动的感觉，但是内容略显单薄，还是没有说明我们是谁，我们为什么联系你。

第四个，江苏 ABC 铸铁工厂是一种自我介绍式的主题写法。但很可惜，如果你不是业内知名的公司，用这样的写法，对方完全不会有任何感觉。

第五个，新订单，但是不进行任何补充，对于开发信主题而言，这是"圈套式写法"。因为在真正意义上并没有订单，你没有收到对方的订单，你也没有订单给对方。引导对方断章取义地打开邮件，欺诈的成分很重，会让收件人有很强烈的被骗感。

因此，大多数外贸人的一个大问题是不懂如何写主题，不知道如何在短短几个单词或者一句话内，简明扼要地概括内容，并且成功引导对方阅读甚至回复。

简而言之，以下三个问题，就高度关系到主题背后的内容思考：

> 我们是谁？
> 我们为什么联系你？
> 我们想给你带来什么？

在这三个问题的基础上，可以参考笔者曾经的一种写法。

案例 2-2　毅冰的开发信主题写法

比如，我们公司是太阳能灯具的供应商，公司名是 YB Lighting，目标是开发美国本土大型建材超市家得宝（Home Depot），并且通过搜索方式拿到了某个买手的具体邮箱。

我方给美国另一家大型建材商 Menards 供货，有丰富的贴牌代工的经验，产品能通过相关测试标准，也非常了解美国市场和连锁大买家的要求。

在这种情况下，针对第一封邮件的主题我会这样设置：

Home Depot/Menards vendor-solar lights/YB Lighting

三段式组合，前段是客户公司名，表示强针对性，不是随便乱发的推销邮件，而是一对一的精准内容。中段是核心，直接表明我们是您同行 Menards 的太阳能灯具供应商。后段是我们公司的名称，即我们是谁。

显然，把客户的公司名称放在前，既表示了尊重，同样可以明确这封邮件不是群发的，也非乱发。

而写给买手家得宝的邮件中，为什么要提到其竞争对手 Menards 呢？这是从买手的习惯和采购偏好来权衡的。很多大公司，都特别好奇同行的供应链，同行能使用的，往往他们也可以，因为同行做了试错的工作，这样就少了很多顾虑和门槛。这里传递了价值，表明了立场，并且让对方明白我们能带来的价值。

将我方的公司名留到最后，因为这是主题里不怎么重要的部分，不需要放到最前面吸引眼球，也根本吸引不到。

此外，这样的主题设置还起到了索引的作用。我们可以设想一下，买手在几个月后，突然有一个项目，想让我们一并报价，进行比较和筛选，如何在第一时间找到我们的联系方式呢？他或许就会想起，我们是他竞争对手 Menards 的供应商，或者直接记住我们的公司名称，那就关键词搜索，就能找到最初的这封邮件。

当然，主题的撰写和构思千变万化，内容的写法也绝非一成不变。这个案例，仅仅给大家打开思路，而不是为了依样画葫芦。

错误三：自我介绍过长。

长篇大论的自我介绍，在某种程度上是在浪费对方的时间，也在扼杀自己仅有的一点商业机会。

笔者总会收到这样的邮件，让人恨不得直接扔进垃圾箱，再踩上两脚，以表达对于浪费时间的愤怒。

> **案例 2-3　无效冗长的开发信案例**

我们是某照明灯具厂，地处美丽的长江三角洲东南，交通便利，风景优美，文化荟萃，离上海和杭州分别仅需两小时车程……

我们公司成立于 2002 年，具有丰富的太阳能灯具生产和开发经验，客户遍及五湖四海，享誉全球……

我们工厂获得 ISO9001:2000 质量体系认证，严格按照 5S 管理，真诚欢迎你来我厂参观拜访，莅临指导，希望和您建立长久的业务关系……

我们以真诚和服务赢得客户，我们公司的宗旨是：客户第一，服务至上……

诸如此类思路和行文的开发信，笔者在外贸生涯中，收到过不下数百封，令人不胜其烦。坦白说，即便你是一家很好的公司，对方第一次就收到这样一封邮件，通篇内容冗长且自吹自擂，有几个人会耐心看完，并且全盘相信里面的内容呢？

答案显然是否定的。自我介绍当然需要，但要提炼优势，关键是你说的内容跟客户有什么关系，能给客户带来什么价值。

错误四：炫耀英文水平。

很多业务员是英语专业出身，或者有很强的语言文字功底，总是能把句子写得花团锦簇。很遗憾，这是商业实战，不是大学英文考试，没必要用什么冷僻词汇或者所谓的高级表达来加分，完全没有必要。

为了考试得高分，在一篇文章里，要尽可能把自己的英文能力表现出来，各种语法、短语、词汇、句型的灵活使用，力求让考官看出你的水平不一般。但是商务邮件刚好相反，根本不需要炫技，而是越简单越好，如何用最简洁的句型和词汇，准确无误地表达出你想表达的内容，让收件人的理解毫无障碍，这才是对一个外贸业务员的真实水平的考验。

永远记住邮件撰写的 KISS 原则：Keep it short and simple！

能用一个词表达的，绝对不用两个词或者短语。能用一句话写清楚的，那就不要写两句。更何况，很多客户并非来自英语国家，其后天学习的英语并不比我们强，把内容写到要对方随时查单词，甚至连蒙带猜的程度，这并不是聪明的方法。

错误五：字体奇怪别扭。

有些外贸人为了追求醒目，特立独行，在邮件中总喜欢用很夸张的字体、颜色甚至把文字放大、加粗、用斜体等，让人看上去十分不舒服。

若经常跟欧美客户打交道，往来邮件频繁，或许就会发现，大部分客户很少用各种奇怪字体或五颜六色的文字颜色。全部大写的情况，只会在部分非洲国家的客户邮件里看到，其他国家客户的邮件里十分少见。

字体的协调统一是十分重要的。一般商务人士都会采用黑色和蓝色，并且使用一些比较符合大众审美的字体，容易让大多数人适应和接受，商务邮件并不适宜用来彰显个性，适当的差异化当然可以，但不能过度。

另外，一封邮件里最好只出现一种字体，需要掌握协调性。如果其中一部分使用大写、加粗或者加荧光底色，就要特别注意，这表示特别强调的内容，是为了让收件人特别留意。

案例 2-4 我方的特别备注

Dear Craig,

Glad to inform you that the sampling is in process. I think the samples could be sent out BEFORE NEXT THURSDAY.

Kind regards,

Yibing

这里的 BEFORE NEXT THURSDAY（下周四之前），把所有字母大写，目的是提醒并强调样品会在下周四前寄出。

可能这封邮件比较简洁，是否大写也无所谓。可若是内容特别丰富，整整七八个段落，其中若没有标示出特别需要明确或强调的内容，则很容易被收件人忽略某些关键细节。

错误六：主动语态过多。

简而言之，在商务邮件的沟通往来中，应该主动语态和被动语态并用，在不同的场景下，会起到不一样的效果。

而大多数业务员，习惯用 I 或者 We 开头，通篇都是"我"怎么样，"我们"怎么样，给人的感觉是带有强烈的主观意识，而不是客观的场景或者结果。

可以看两个例句：

I will send you the offer sheet tomorrow morning.（主动语态）

The offer sheet will be sent to you tomorrow morning.（被动语态）

这两个句子的意思是一样的，都表示明天上午会发报价单给客户。只是前者侧重于我要做这个事情，后者侧重于一种客观存在的状态。

换言之，前者适合朋友之间的交流，告知对方一个情况。后者更加专业化和商务化，比较适用于商务邮件。

这里没有对错，只是在不同场合下，如何拿捏具体的语气，以达成最佳效果。被动语态的使用虽然给人冰冷的感觉，但相对比较客观，而不是纯粹地主观表达和强调某些东西。

绝大多数的开发信是在向完全陌生的潜在客户传递内容，因此，需要让对方感受到我们讲解的内容是客观存在的，是事实，并非满嘴跑火车。这就是为什么被动语态要穿插其中，不能通篇用主动语态。

错误七：提问毫无意义。

譬如，Do you want our products?（您想要我们的产品吗？）这句话被我列为外贸业务员最傻疑问句排行榜的第一名。如果客户回答"No!"（不要！），你如何回复？那就没有下文了，难道还继续回复"为什么不要啊？"

业务员做的是开发的工作，希望客户对产品感兴趣，是要引起对方的兴趣，解决对方的痛点，找到突破口，是去做优势讲解和价值传递的。如果都是在问这种傻问题，等于把客户逼到了绝路上，直接让对方点头或者摇头，谈判就会陷入僵局。

还有诸如"您想跟我们合作吗？""您最近的生意好吗？""你对我们的产品有兴趣吗？"这类毫无意义的提问，就不要出现了，在没有建立业务关系时，毫无意义的提问只会让对方充满反感，甚至被对方耻笑。

开发信要直接告诉客户我是谁，我做什么产品，我的优势在哪里。只要清楚地表述出这三点，然后做好价值传递的动作，就足够了。其余的，可以后续找机会慢慢谈。

错误八：随意添加附件。

并非附件不好，很多时候不管报价单也好，图片也好，甚至一些重要的文件或说明，往往需要通过附件的形式传递，但第一次发开发信的时候，很多带附件的电子邮件，容易被国外的服务器拦截，甚至识别成垃圾邮件。

很多外贸人第一次联系客户的时候，喜欢使用报价单，插入好多图片，甚至还把一系列产品的照片做成打包文件，一并插入附件，弄得光邮件的附件就有好几十 MB 的大小，显得十分臃肿。另外，这类邮件往往容易被识别为垃圾邮件，或者被直接删除。

这就是为什么初次联系客户的时候需要尽量绕开一些雷区。相对而言，纯文本会好一些，或者用 Mail Group 的模式[①]让服务器默认，这封邮件并非机器群发的开发信。

尽量在收到客户的邮件之后，再将附件添加到回复客户的邮件里，邮件被拦截的概率就会大大降低，因为这就属于许可式的内容了。

如果想在第一封开发信里就推荐某款产品并直接报价，那我或许会简单

---

① Mail Group：毅冰原创的"开发信群"技巧，具体请参阅第二章第三节。

地用正文而非附件形式的报价单。图片会在紧跟着的第二封邮件里发送,并且跟客户说明。

案例 2-5 第一封直接报价的开发信

Hi Mandy,

Please accept my recommendation for our new coffee mugs. I apologize for bothering you.

Made of high-quality bone china, this is our brand new design that is currently selling well in the German market. We believe this is an excellent choice for local retail. Some of your competitors have purchased this item.

Specifications are the following:

Item: Coffee mug with special design

Model No.: PT-235K

Brand: Philotimo

Description: …(把详细规格写清楚)

Testing report: LFGB

Packaging: Gift box

Pcs/carton: 20 pieces per carton

Carton size: 60 × 50 × 40cm

G.W./N.W.: 20kg/18kg

Quantity 20′/40′/40′ HQ: …pcs/…pcs/…pcs

Loading Port: Shanghai

FOB Shanghai: USD17.65/pc

CIF Hamburg: USD21.25/pc

Details and photos will be sent in a separate email. Feel free to reach out if you have questions.

Best regards,

Yibing

以上就是一个邮件案例,用文字写清楚,在邮件的最后表示详情和更多图片会通过另外的邮件单独发送,这就够了。

错误九:插入各种链接。

开发信里面,要不要加入网址?要不要提供产品详情页的链接?要不要加入我们在 YouTube 上的视频链接?

答案是尽量避免在第一封开发信中插入各种复杂的链接,这样做,邮件特别容易被屏蔽,会被识别为垃圾邮件。还是那句话,若是真有必要提供的,那就等客户回复后,再提供相应的链接,邮件被拦截的概率就会低很多。

那如果是企业官网这一类网址,难道在签名栏里也不能添加吗?客户会不会认为,我们不可信,不是靠谱的公司?在这种情况下,可以适当添加,但是必须取消掉超链接,令其无法一键单击直达,这一步同样重要。

错误十:语气过于生硬。

邮件本身是比较死板的,在计算机或手机上阅读冰冷的文字,和面对面交流或者电话沟通的感觉是完全不一样的。比如:Please give me reply today.(请今天给我回复。)如果面对面这样讲,语气中带着笑意,客户是不会觉得有问题的。可若是在邮件里这样写,也许就会让对方不快,觉得你在发号施令。

若改成 Could you please help to give us reply today?(能麻烦你帮个忙,今天回复我们吗?),用的是疑问句,加上 could 和 help 这类字眼,就显得委婉、礼貌且温和,给阅读者的体验是不一样的。

所以在撰写邮件的时候,千万注意语气不能过于生硬。要设想一下,若是陌生人看到这样的内容,会不会对其中的文字表达产生误会?是否会让人觉得你无礼且嚣张?

语气要温和委婉，多用诸如please, help, could, thank you, appreciate, kindly 等词汇，出错的概率就会大大降低。

三、站在买家的角度换位思考

我们先思考一个简单的问题：开发信究竟是写给谁看的？

答案不言而喻：客户。

目标对象很明确，客户才是开发信的受众，我们希望他们可以在开发信上停留几秒钟甚至更久，可以打开并看上一眼。那么，开发信中所有的内容就应该站在客户的角度去做换位思考，而不是自己满意就可以。

我们觉得内容很深刻，很有用，但或许客户没兴趣。我们觉得强调品质好、价格低，完全符合我们的卖点，但或许在客户眼里，这就是陈词滥调，因为所有供应商都会这么讲，没人会声称自己的产品品质差、价格高。

回想起曾经在国外生活的一个小场景，我看到过当地华人论坛上的一些租房帖子，房东或者二房东介绍自己的房子时，总会用上"友善房东"这样的词汇，让我忍俊不禁。我不由得反向思考，难道有人会在打广告的时候，自称"恶房东"吗？既然不会，那这样的用词，不也是一种陈词滥调吗？

写开发信也是同样的道理，要学会站在买家的角度，做换位思考。所幸我做过买手，有丰富的相关经验，当我在收件箱里看到陌生开发信的时候，或许第一时间就会考虑以下三个问题。

第一，我为什么要点开这封邮件？

第二，我有必要认真阅读吗？

第三，我为什么不删除或者不拉黑？

这三个问题，如果业务员在撰写邮件的时候根本没去思考，没有从构建内容的思维层面去做任何分析，就已经说明问题了，这样的开发信被回复的概率必然非常低。

因此,所有的内容都需要架构在思维层面,然后去落地和执行。先搭好框架,明确这封邮件要表达什么,内容的逻辑顺序如何?最后的引导动作怎么做?如何为后续的跟进埋下伏笔?文字是死板的,是表象,其背后的思维方式和谈判内容,才是真正的核心内容。

好的开发信,能够让客户思考乃至回复,一定有其内在的逻辑,有打动客户的地方,并非一味地自吹自擂,我们要学会从客户角度出发,提供对方可能会关注的内容。

第二节
"美容"后的开发信这样写

目的：唤起客户记忆，强调邮件目的，展示产品特性，后续跟进引导。

一、构思

想清楚了再动手，这是写好开发信的要诀。所以即便你看完了第一节内容，知道应该避免哪些问题，应该从哪些方面入手，可在真正执行的时候，还是要做好"构思"的动作，这是避免"拍脑袋"决策：凭感觉胡乱下笔的第一步。

写开发信的时候，每个人的目的是一样的，都是希望唤起客户的需求。如果能收到回复，能让谈判进展下去，那是最理想的。但现实的情况是，每天有那么多的同行在写开发信，在拼命发送，客户每天都会收到无数的邮件，如何激发对方的兴趣？那就要在内容上认真地构思和策划，有针对性地去触达和传递价值。

即便你的产品不错，你的能力不错，你的价格不错，但无法高效准确地传达给对方，一切都是空谈。

所以"构思"的动作，可以理解为"打草稿"，或者是"写大纲"。

比如，我今天想给一个推动过几次但无果的客户写开发信，内容应该如何构思？或许我会从四点入手。

> 第一，唤起客户记忆。
> 第二，强调邮件目的。
> 第三，展示产品特性。
> 第四，后续跟进引导。

因为分析过客户的情况，产品十分对口，也尝试着开发过几次，可都是石沉大海，那后续的开发，就必须做一些调整，要明确内容差异。构思的几个段落是层层递进的逻辑关系，然后有一个行动号召（call-to-action）的动作，还可以引导到下一个阶段。

这个想明白了，然后再按照思路去写，尝试切入。

二、切入

如何做好切入的动作？显然要从一个细微的角度入手。大而化之的高谈阔论，只会让你的邮件进入客户的垃圾箱。客户能不能看下去，有没有兴趣看下去，才是我们需要关心的。

一封邮件仅仅包含几个段落，或者几句话，这里面的核心是什么？如果说一封邮件只能做一件事情，或者一件主要事情，你会想到什么？

好比在大学里写论文，老师会告诉我们，切入的角度越细微，选题越细分，内容就越好写。这很容易理解，由于聚焦的缘故。

例如，我们优化了充电器的功能，在提升充电速度的同时，还可以做到电池不发烫，保证产品安全性。那么，就能以此为切入点组织内容，写成一封地道的开发信。

案例 2-6 从优化产品功能切入的开发信

Dear Michael,

We're continuing to improve our mobile charger to keep you informed for your upcoming purchasing plan.

Highlights in this version include:

-The power will be increaced to 60W.

-500 pcs on one pallet is OK for pick up for move.

We've also made several behind-the-scenes fixes to keep it working safely & thermostatically. Samples are ready to ship.

Attaching a copy of updated offer sheet for your reference.

Thanks,

Yibing

很多业务员写开发信,对于未成交甚至没有取得有效沟通的潜在客户,喜欢从推荐新品入手,这的确是一个思路,但并不算特别有新意。因为新品终究是有限的,也无法长期触达客户。哪怕是卖菜的,要突然间成功研发出反季节蔬菜,也不现实。

所以对于曾经沟通、谈判、报价甚至寄样品但没有下文的老产品,重新做了一些调整,再推动一下,做一个"再开发"的动作,可能就是一个好的切入点。

好比菜市场里的西兰花,今天摊贩叫住我:"有早上刚到的千岛湖西兰花,口感很好,要不要尝一尝?"或许就能勾起消费者的兴趣,因为产品出现了差异化,差异化就意味着有了开发的突破口。

三、优化

一封好的开发信要如何优化?如何改头换面,做好"美容"的工作?还是要记住:思维,思维,思维。有了思维以后,对内容有了充分认知,想清楚要如何写内容,然后再修饰用词、句子和段落,才是正确的。

曾经有位学员拿着她写的开发信找我点评,她想知道为什么她的开发信的回复率并不高。她是英语专业毕业的,基本功相当扎实,整体的语法和用词都还不错,并没有太大问题,可结果恰恰相反,大多数开发信都是石沉大海,无比惨淡。

我认真总结了一下,写给她三个阅读后的心得。

第一,用词过于繁复,有很多炫技的地方。

第二,逻辑层面有欠缺,段落之间的连贯性不强,转折生硬。

第三,对具体想要达到什么样的目的,少了引导。

换言之,整封开发信太平淡了,其背后缺乏相应的卖点,也缺乏让客户回复的有效动力和支撑点。经过简单修改,我相信那封开发信的写作水平,是完全可以作为"教科书"案例的。

案例 2-7 陌生开发信的四段式写法

Dear Michael,

I apologize for taking you 1 minute to review this email. It won't waste your time at all.

Having spent over an hour browsing your official website, we found our power banks to be quite similar to yours. Items between 4000 mAh and 20000 mAh with UL approval are the majority of our products.

Please find attached the offer sheet for our hot-selling portable solar bank, which you can use for reference. I will be happy to answer any further questions you might have.

Additionally, free samples could be provided upon request.

Best regards,

Yibing

第一段,引起对方兴趣,表示只耽误对方一分钟的阅读时间,绝对不会浪费对方的时间。这里用的是时间压缩策略,通过一分钟作锚点,从而减少了邮件直接被删除的概率。

第二段，找到共同点，也就是真正的切入点，即我们的充电宝跟客户的充电宝高度类似，而且告知我们的大部分产品，都已经通过了美国的 UL 认证，品质绝对没问题。

第三段，报价单推动，虽然我们反复强调，第一封邮件尽量少用附件，但这并不是绝对的，要看具体情况，少用并非绝对不用。

第四段，引导下一步谈判，通过一个行为召唤的动作，表示我方随时可以提供免费样品，来吸引客户的回复和后续沟通。

这样的"美容"，你觉得怎么样？

第三节
用 Mail Group 实现立体营销

从点、线、面、体不同维度塑造差异化,给客户带来直观和立体感受,跟同行拉开差距,力求从思维层面全面碾压。

一、点、线、面、体

开发客户的过程,是一个从细微处做内容,螺蛳壳里做道场的事情。在前期我们要寻找的是点,既可以称为卖点,也可以理解成线索。

当我们把线索抽丝剥茧,找到客户可能的关注点和兴趣点后,有针对性地构思内容,落地成一个个真实的句子,这就是线,连接了一个个点,开始串起来了。

只是开发信不是靠几个句子堆砌起来就可以的,还要讲求逻辑性,讲求句子与句子之间的协调性和衔接性。需要整理和调整段落,需要优化连接词,还需要从思维层面换位思考,并且优化一些内容,这是面。

只做到这些还是不够的,在很多年前可以,那是还是外贸的红利期,竞争尚未如此激烈。如今就不行了,基本的内容只要不太差,都可以成为开发信,谁都可以低成本甚至零成本进行开发的动作。

如今时代不同了,在一个充分竞争的环境下,到了面的环节,依然是二维的空间,但跟很多同行的差异并不大,也无法在客户面前展示自己的特点和软实力。这就需要更进一步,从二维到三维,从平面到立体,实现真正意义上的降维打击,给客户更加直观的感受,并人为营造跟同行的差异化。

如图 2-1 所示,每一步都是开发信背后的思维方式和具体落地的进程。大多数的外贸人,只做到了从 2 到 3 的过程,因此这里变成了充分的红海。若想在其中挖掘那仅剩的一小部分的蓝海,就要多做一点点,完成从 3 到 4 的过程,打造与众不同的优势。

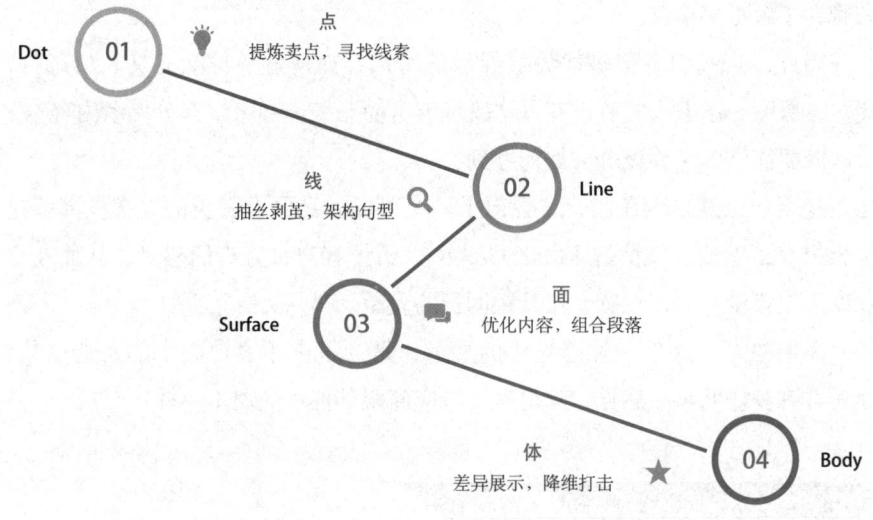

图 2-1 点、线、面、体的四步进程

二、给客户更加直观的感受

举个简单例子,若 A 公司是生产智能手机的代工厂,如果其开发信只是简单地点一下:很高兴从某地方获悉您的信息,我们提供物美价廉的智能手机和相关产品,希望能跟贵公司合作。

这样的语句,说服力是远远不够的,因为是专业产品,如果没有足够的内容和实质性的证据,很难让客户有准确的判断并且在第一时间形成对这个供应商的基本印象。

价廉，价格能低到何种程度？80美元算价廉，还是200美元算价廉？没有合理的参照物，这就变成了一句口号。

物美，怎样算是物美？这就更难数字化了，你无法准确说清楚你们的高质量（good quality）究竟如何衡量，其标准是什么。

对于外贸人而言，当你逐渐在工作中积累经验和技能，全方位能力逐步增长的同时，你的开发思维应该也在与时俱进。要明白，你们的产品是不是物美价廉，这个固然重要，但更重要的是客户对你有兴趣，愿意跟你具体聊一聊，了解更多信息。

因此，当我们有很多优势要展示的时候，如何避免写又臭又长的邮件，让对方有耐心读下去？有没有办法既能够言简意赅，又可以充分展示内容？

既要简洁，又要充分，如何办到？

我当初也是思索良久，才想出了一个可以做到两全其美的方案，那就是整合内容，做成开发信群（Mail Group），给予客户最直观的感受，从而在专业度上狠狠刷一波存在感，拉开跟同行的差距。

需要注意，这是一种差异化的展示，是为了占领客户心中的备选席位，让对方有良好的第一感觉，觉得这个供应商跟其他供应商不一样。

三、Mail Group 实现立体开发

以下这个相对复杂的案例是我在十多年前开发一个意大利客户时的尝试，不仅成功开发了这个新客户，我们还成为她在远东主要的三个供应商之一。

以下把邮件原文全部贴出来，只隐藏了双方的公司名。我简单用 ABC Trading 来代替我方公司名，并在每封邮件后，加入了一些相应的内容点评，供读者参考和揣摩背后的谈判思路。

案例 2-8 给意大利客户的第一封开发信

Subject: Stationery vendor for Antonio

Dear Eva,

This is Yibing from ABC Trading. Glad to get your contact info from my Italian friend Antonio.

As I know, you have been interested in purchasing stationery items from Chinese mainland. We supply folders, clips, highlighters, notebooks for EU market for several years.

Please contact me for any questions.

Best regards,

Yibing

思路点评：先写第一封开发信，简单介绍我方公司和产品，这里主要介绍一下如何获取对方的联系方式。尤其是外国朋友介绍的，更加需要突出，可以引起对方的注意，并且留下好印象。

这里我把推荐的意大利朋友的名字 Antonio 写在主题里，这是为了第一时间抓对方眼球，吸引她打开这封邮件。

案例 2-9 给意大利客户的第二封开发信

Subject: Company profile- ABC Trading

Eva,

Attached our company profile for your reference. Thanks.

Regards,

Yibing

思路点评：第一封邮件发送后，需紧跟其后写第二封邮件，修改邮件主题，发一份详细的公司简介给客户，公司简介可以用 ppt 或者 pdf 格式，图文并茂，有内容、有数据，让对方对我们这个潜在的供应商有相对直观的感受。

案例 2-10　给意大利客户的第三封开发信

Subject: Re: Stationery quotes

Hi Eva,

Here attached the quotes for stationery program for your review. To be candid with you, it is the basic price, and will be fluctuated due to the different quantity.

Should you have any questions, that is welcome. Thank you.

Best,

Yibing

思路点评：这是第三封邮件，可以紧跟第二封邮件发送，也可以重新另起一封，关键是主题必须要多变。

这里做的是推荐一些产品，进行报价，报价单里有一些价格特别低的产品，作为引流款产品。也有一些设计得还不错的产品，作为利润款产品。这种价格高高低低的报价单，是为了测试客户对价格的敏感度，也是借此来试探对方能接受的价格区间，了解产品大致的价位。

更重要的是，在邮件里须特别注明，这是常规报价，具体的价格会根据不同的购买数量变化而浮动，这样也为后续可能进展下去的价格谈判留下了余地，不会让对方觉得我们的价格过高，或者根本不靠谱。

案例 2-11　给意大利客户的第四封开发信

Subject: Factory audit report- ABC Trading

Dear Eva,

We have already passed the factory audit from Wal-Mart & SGS. Please find the audit reports in attachment.

I'm sure our factory is good enough for running your program for Italy.

Any comments, that will be appreciated!

Best regards,

Yibing

思路点评：继续发过去第四封邮件，把展示工厂实力的最重要的文件，即大买家或者第三方的验厂报告发送过去。如果我方是贸易公司，可以发合作工厂的报告，也可以不发，但还是可以突出一些别的优势的。

譬如提供一下现有的大买家对我方的肯定的证据，把往来邮件截图（遮盖敏感信息），或者晒一下好评，这也是完全可以做到的。

要有针对性地谈判，巧妙展示优势和特点，用证据来证明自己所说的东西是可信的，而不是空口白话。

案例 2-12 给意大利客户的第五封开发信

Subject: Photos of sample room

Dear Eva,

Enclosed some photos of our sample room for your review.

If you have time, please pay a visit to us at your convenience. I think a lot of items will be matched your interest, and really hope to establish a business relationship with you.

Kind regards,

Yibing

思路点评：跟进第五封邮件，拍摄一些样品间的图片，把图片好好处理一下，多角度展示多样化的产品，并且提出适当的邀约，让客户感觉到我们是靠谱、真实的公司，可以随时接待来访的客户。

这里要注意的是图片处理的问题，文件尺寸不能过大，不要全部堆在一个压缩包里,也不要一张张散乱地发送图片。而是应该做成一个 pdf 文件,插入图片并添加各种备注,会显得更加专业。

案例 2-13 开发意大利客户的第六封邮件

Subject: Recommended items for Italian market

Eva,

According to my experience, here attached the file with some products which are suitable for Italian market.

If any demand, I will provide the offer sheet with samples immediately.

Thanks and best regards,

Yibing

思路点评:继续跟进第六封邮件,推荐一些适合意大利本土市场的产品,这是为了突出自己的专业度和对当地市场的经验,这并非胡乱推荐,也不是乱刷存在感。

在第三封邮件中,我方已经提供了产品报价,但不能把所有产品都罗列,提供全部产品的报价未必就能吸引客户。要懂得少即是多(less is more)的原则,留一些尾巴,适当作一些补充,留给客户去筛选和比较,若对方有兴趣,自然会回复,那才是进一步报价和提供样品的时候。

总而言之,需要报价,但要报得巧妙,起到参照物和价格锚点的作用;需要推荐,但要推得准确,起到彰显专业度和产品延展的目的。

将六封邮件整合起来,这一整套的打法和背后的思维逻辑,可以组成一个 Mail Group,也就是开发信群。有心人或许会留意到,只有第二封和第四封邮件的主题里有 ABC Trading 这个公司名,其他四封均没有出现。

这不是遗漏了,而是有意为之!如果客户不喜欢被推销,他或许本能地对于开发信有抵触情绪,当收件箱里出现连续六封以 ABC Trading 开头的邮件,显然来自同一个公司,可能直接就将六封邮件全部删除了。而对主题多做变化,不仅是为了抓对方眼球,同样也是吸引收件人打开邮件的一个小招数。根据我的经验,主题多变,能大大提升邮件被打开的概率。

还要补充一点,即关于主题的设置,一定要谨慎且巧妙。可以用一些小招数和小伎俩,但是千万不能弄得过于"劲爆"。譬如"1美元苹果手机"(1 dollar iPhone)或者"买1送1"(buy 1 get 1 free)之类的过度广告化的文案,还是应尽量避免,因为这些会让对方觉得你不实在,甚至认为你是骗子。

请记住,商务邮件必须以专业化打底,简洁高效,语言得体,用词妥当,不说客户没兴趣关注的事情,这就够了。

四、最后一个补充问题

相信很多做外贸的朋友看到这里,会有一个补充问题,就是Mail Group中的时间间隔究竟该如何掌握?在米课的答疑平台里,类似的问题被提问过很多遍,笔者给出的答案都是一样的:在一个时间段内发完,这些邮件组合起来,才能称为开发信群。

因为Mail Group的目的,是把内容进行专业化整合,每一封邮件强调一个核心内容,不会喧宾夺主,不会显得内容过长,这一系列的"组合拳"下来,才是极致的专业化展示,也是跟同行拉开差距的手法。

一方面是为了增加曝光度,占据客户收件箱里的多个位置;另一方面是为了围点打援,多角度分类阐述,塑造和传递价值。

或许在某种情况下,客户会忽略甚至删除这些邮件,这很正常。如果客户完全不感兴趣,毫无疑问他会删除,那无论你是陆续发送还是一起发送,结果都是一样的,没必要过于纠结。

至于Mail Group做完后,后续的联系客户怎么做?再说些什么?叫作跟进邮件内容,并不属于前期的开发内容,是不一样的。Mail Group的内容素材,是你平时就要开始准备和构思的。一旦有好的内容,或者出现有亮点的东西,都要记录和整理,巧妙地展示出来。

这套手法,并不是简单地拆分内容,而是不同邮件都要提供对客户有价值的信息，例如你对原材料价格变动的分析，采购你的产品需要注意的事，你从最近做的一些项目中总结出的经验，这些都是可以的。

切记，Mail Group 不是骚扰，不是催促，不是一件事情能说完却非要断断续续地挤牙膏！相反，业务员要做的是向客户提供价值，多角度、多维度提供差异化的内容，提供更多的信息给客户参考。

第四节
从几封创意开发信找灵感

闭门造车则很难有创造力,要学习母语人士的开发信,拆解和剖析背后的思维,给自己写内容提供灵感。

一、把自我介绍放到最后

同行是冤家,这是很多人的想法,各种藏着掖着,生怕别人知道你是同行,生怕被抢了客户和销售线索,可事实真是如此吗?

前阵子我收到过一封开发信,是一个美国人写的,他把我当成了潜在客户来开发。这封邮件的背景是这样的:我们有一条产品线做的是时尚首饰,有独立的官网,包括社媒的联动,对外展示的是我们的饰品系列,主要开发欧美客户。

当他找到我的社媒账号后,就给我写了这样一封私信。他的行文逻辑非常有意思,一上来用的并不是我们常规的自我介绍方式(介绍我是谁,我们做什么产品之类的),而是把这部分内容放在后面讲。

下面先来看一下他的邮件原文吧。

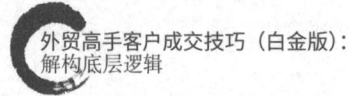

案例 2-14 美国供应商的开发信

Hi Yibing,

If it would ever be advantages for your company to manufacture jewelry in Asia. I work with an upscale jewelry factory here in Ho Chi Minh city Vietnam.

We can produce gold, rose gold, white gold, silver 925 with either diamonds or premium stones to your liking to be exported.

My name is Bruce Parisi, an American living here for the past six years with a strong background in design, product development and production.

Best,

Bruce Parisi

第一段从生产端入手，直入主题，表示他们在亚洲生产有优势，也表示他在越南胡志明市的某家具一定规模的首饰工厂工作。其实这就等于暗示，我们是供应商，而他们是生产商，或许彼此有合作空间。

第二段简单介绍具体的产品特点，表示他们能生产黄金、玫瑰金、925银、钻石以及其他宝石类产品。这里用了出口（exported）这个词，是画龙点睛，因为大家的目的都是为了出口，目标显然都是海外市场。

第三段介绍他自己，他是美国人，居住在越南有六年了，有丰富的设计、产品开发和生产方面的经验和经历。这就是分析和突出自己的优势，从软实力和个人能力方面进行相应的阐述。

我们可以发现，在整封开发信中，他都没有低声下气地寻求合作，没有要求建立什么合作关系，不存在外贸人常写的建立业务关系（establish business relationship）之类的老掉牙的词汇。其行文很通顺，有层次感，不会令人觉得违和，也让人讨厌不起来。

不是说我们必须要学习这种写法，重点是我们能从中学到什么东西？别人的行文和其背后的思维方式，能给我们什么启发？

硬推销（hard sell）的时代已经过去了，客户们见得太多，对此早已经免疫乃至厌烦了。如今的时代，或许更应该把工作重点放在挖掘客户需求，寻求合作可能，谋划双赢的局面。

先找客户的痛点，再做价值传递，然后找到突破口，这套逻辑无比顺畅。

开发信的核心是"开发"，是如何在简单调研后走出第一步。

二、打情感牌高攀大买家

笔者曾开发一个韩国客户，这个客户在当地的市场规模不小，居行业前列，同事尝试着开发过几次，但一直石沉大海，没有收到任何回复。

也能理解，毕竟客户是大公司，现有供应商和备选供应商肯定有不少，根本不缺资源，贸然去主动开发，客户回复的概率几乎为零。邮件写了，没回；电话打了，前台不肯转，而且大多数韩国人的英语口语水平，相信大家也有所耳闻的。

实在没办法，只能我亲自尝试，死马当活马医。虽然没有什么把握，但我相信，找到突破口，把内容做扎实了，或许就有一丝撬动客户机会。

简单浏览过客户的官网和社媒账号后，我先做了一个简单的分析。

第一，客户是大买家，手边现成的供应商一定不少，其中包括很多优质的大厂，他们大概率看不上我们这种小贸易公司。

第二，我们的优势和特点肯定要用 Mail Group 来分析，只是如何提炼，如何让客户觉得有价值感，还是值得商榷的，需要认真推敲。

第三，第一封邮件是关键，如果不能直击人心，那就要转变策略，否则被删除和拉黑的概率将大大增加，后续的跟进会十分困难。

我寻思，从专业化入手恐怕还不够，因为在大买家的供应商里，必然有很多是非常专业的，在这方面不遑多让，我绝对无法用几句话迅速总结出极具吸引力的内容，这条路很难走通。

构思了一下，还是决定打感情牌，放低姿态，然后专业化的引导仅点到为止，留个尾巴放到后面的 Mail Group 中再进行分类阐述。第一封邮件不用图也不用附件，就先看看我方的说服力了。

说干就干，我是这样写的：

案例 2-15 毅冰写给韩国大客户的开发信

Hi David,

I believe your projects shouldn't just be a slam dunk for massive manufacturers, but an opportunity for the underdogs, too.

That's why I'm still trying to contact you to make quotes and sampling for brass or S/S earrings.

And to sweeten the pot, I'm okay to accept the trial order with low MOQ. I will also send you some more files in separate emails our catalogue, price list, testing report.

Kindly contact me for any further questions.

Best regards,

Yibing

第一段，打感情牌，在不经意间吹捧对方："我相信你们的项目不会仅考虑那些大供应商，同样也会留点机会给我们这些小公司……"

第二段，表明目的，不浪费大家时间，开门见山地告诉客户："这就是为什么我还是要写这封邮件的原因，想争取一下对铜和不锈钢耳钉的报价……"

第三段，专业引导，需要增加更多筹码来勾起对方的阅读兴趣，于是邮件里率先提道："我们接受试单和小数量的订购，在后面的邮件里会提供样本照片、报价单、测试报告，等等。"

第四段，直接收尾，不需要太多废话，也不用谢来谢去的，仅表示"有任何问题可以随时联系我"就行了。简洁自然，保持基本的态度和礼节。

这只是在构思 Mail Group 的第一封邮件,笔者后面还策划了第二、三、四封。没想到,还没等第二封邮件发出,就收到了韩国客户的回复,邮件如下。

案例 2-16 韩国客户的迅速回复邮件

Hello,

Do you only make stainless steel?

You do plating on stainless steel?

Can you also give me your price list?

Thanks,

David

这封邮件非常好,用三个问题打开了局面。我只需要有针对性地解决客户的疑问,就是后续跟进和谈判的方向。我已经用第一封开发信,达到了预期效果,开发信完全起到了应有的作用,令我相当满意。

很多年前,一个巴西朋友给我看了他开发美国客户的邮件。他在巴西是做贸易公司的,一边从亚洲进口灯具类相关产品,一边开发和将这些产品卖给美国的零售商。

他的邮件是这样写的:

案例 2-17 巴西业务员的开发信

Hey guy,

XYZ Trading here, exporting LANTERNS with good quality and low price in the US.

Call me, let's talk details.

Regards,

Rick

同为外贸人,为什么邮件的写法跟我们不一样呢?有些人会说:"哎呀,老外比较懒惰。"很好,我们暂且假定这种说法成立,那你明知道老外很"懒",你还长篇大论地写邮件?你认为这么懒的人会花时间阅读你的开发信吗?

其实反过来看,他们的表述言简意赅,直入主题,只说最重要的话,表明来意,没有那么多的弯弯绕绕,甚至可以说一句废话都没有。因为在欧美文化里,时间很宝贵,不能浪费自己的时间,也不能耽误别人的时间。随便耽误别人的时间是很不礼貌的行为。

这封邮件没有什么特点,只是告诉美国客户,我们出口灯具到美国市场,我们的产品品质很好,价格挺低。一眼看去,好像很普通,毫无突出物美价廉的陈词滥调,也没有相应说明。

再想深一层,真正的亮点是第二句,我们希望跟客户通话,这就展示了充分的自信,完全符合西方文化里的当仁不让。我的东西不错,完全适合你,我们聊聊吧。

三、邀约视频会议破局

一个美国朋友 Lamar,给我看了他写的开发信。

他的逻辑是这样的:先在自己的独立站设置一个弹窗,上面写着"请输入您的邮箱,得到最新的产品样本。"

一旦有用户输入邮箱后,系统会自动发送一个 pdf 格式的样本过去,然后他再手动写一封邮件给对方,看看是否有进一步转化的可能,他的邮件如下。

案例 2-18 美国供应商 Lamar 的邀约式营销

Kitty,

Thanks so much for taking the time to browse our website.

If you would like to get better acquainted information for our lines and pricing, I cordially invite you to schedule a Zoom meeting with me at ×××.

Meanwhile, make it a great week. Stay safe. Be sure to share some sunshine this week.

Lamar

直接提出开一个视频会议，可以提供更多的产品信息和价格。最后用温和的语气收尾，疫情期间注意安全，多晒太阳，给对方以朋友间的关怀，带来亲近感。

四、来自德国客户的一些建议

我曾经在展会上认识了一位德国客户，我与他虽然没有做成什么项目，但时间长了，慢慢成了朋友。因为总感觉自己的开发效果不太好，有一次我写邮件问他开发信究竟应该怎么写，结果他当天就回复了：

案例 2-19 德国客户的开发信建议

Dear Yibing,

As you mentioned last time, how write a right e-mail, please find my reply as follows:

1. Short
2. Short
3. Short again
4. Delete all extra words
5. Make everything clear
6. That's ok, order comes, ah~

Have a nice day!

Nick

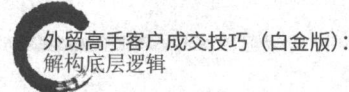

大家看，Nick 的邮件简洁明了，随便扫一眼过去，就能很清楚地理解，完全明白对方要表达的内容。不仅用短句，连内容和单词都是最简单的，没有任何复杂的句型，相信再没有耐心的人，随便瞄一眼也能理解。

对于开发信的写法，他的观点很明确：简洁，简洁，再简洁，去掉所有没用的单词，把内容表达清楚，这就够了！

问题是，道理是这样，你能做到吗？你能做得足够好吗？

第三章
精细执行,让开发更高效

如何分辨询盘的真假?
为什么很多项目谈不下去?
错的那个人是客户,为什么他不讲道理?

第一节
你无法预测每个询盘的结果

言简意赅的询盘未必是假，长篇大论是高度匹配的内容未必是真。不要相信所谓的前辈告诫，学会独立思考，正常面对每一个询盘。

一、高素质业务员的必要性

对客户而言，一个公司最重要的不是高管，不是老板，而是与客户直接接触和打交道的一线员工。如果客户是买手，那么他直接接触的人，往往是供应商的业务员或者业务经理。客户对他们的印象，直接决定了客户对供应商公司的整体印象。

如果业务员彬彬有礼，服务周到，自身素质过硬，专业能力很强，谈吐不卑不亢，还能讲一口地道的英语，邮件写得滴水不漏，对于产品的知识相当扎实……你若是客户的话，会喜欢和这样的人打交道吗？是不是第一印象还不错？

人往往会凭借自己的好恶来判断某个人或是某家公司。如果某个业务员很懒，思维一团混乱，沟通十分情绪化，根本没法与之洽谈业务，你自然对他的公司印象恶劣，不想继续进展下去，转而跟他的同行打交道，这就是人之常情。

在现代社会里，几乎每个人都会跟银行打交道。如今互联网金融如此发达，很多业务可以通过计算机或手机完成，但也会有一些重要的事情，是你需要去银行柜台办理的。

你有特别喜欢的银行吗？我相信大多数人多少会有些倾向性。有时候你会对某个银行非常不满,人前人后总说这家银行很差。可追根究底问起原因,你可能就是某天对某一个柜员小姐不满意,因为她做事拖拖拉拉,因为她还让人插队,甚至因为她的服务态度不怎么好,仅此而已。

仅此而已?就因为这么一件事,就能直接影响你对这家银行的看法?进而让你对这个银行的其他友都变得反感,因为"恨屋及乌"?其实最初的导火线,只是这么一件小事而已。你就因为一件事情,而对这家银行非常失望,那客户呢?客户会不会因为你的一点表现不佳,从而对你的公司充满失望?

这家银行好吗?其实挺好的,各方面都不错:员工好吗?也挺好的,训练有素;高管呢?那就更厉害了,都是有多年从业经验的业内专家。那为什么会这么轻易就失去某些客户?因为大部分客户见不到老板,见不到高管,平时办理业务的时候,与之接触和打交道的大都是底层员工,而这些底层员工一旦出现问题,就会直接影响公司的形象和声誉。

所以我常说,高素质的员工对于企业是无比重要的,外贸企业同样如此。最重要的不是高层和中层员工,而是基层员工。如果金字塔的塔基很结实,其上面的部分就算不够坚固,也不会轻易倒塌。反之,塔基一塌糊涂,偷工减料,松松垮垮,金字塔的中部和塔尖就算工程质量再好,即便没有轰然倒塌,也难免会摇摇晃晃,东倒西歪。

在外贸开发过程中,很多因素都很重要,很多细节都要把握,而"高素质的业务员"肯定排在第一位。当沟通和接触新客户的时候,这个业务员就代表了公司的形象。如果此人不够专业,或者他的邮件写得一塌糊涂,或者他的工作效率太低,或者他认为客户可能是骗子或在套价格从而不回复客户,自然会让客户对公司印象恶劣,有没有以后的合作就很难说了。

二、"前辈"的思路未必正确

很多从事外贸的朋友抱怨,新客户很难做,开发很艰难,前期推动阻力太大,往往石沉大海,包括很多老外贸人,也有这样的认知。很遗憾,这是错的。

开发困难是因为没有找到方法,更没有找对方法。胡乱撒网,随意开发,如何精准地找到客户？效果自然大打折扣。

更何况很多"前辈"的思路本来就是错的。

记得读大学的时候，讲授"国际贸易实务"课程的老师告诉我们，要学会辨别"实盘"和"虚盘"。实盘就是真实有效的需求，虚盘就是伪装的询盘，用来套价格和刺探信息。我当时听得聚精会神，觉得挺有道理。

后来刚入行工作，一些老业务员"前辈"也是同样的一套说辞，要鉴别询盘的真假，很多套价格的询盘不要回复，很多骗样品的邮件不要理会，很多一上来就要全部报价单的都是骗子，很多语焉不详的实则没有真正的采购意向……那时我也觉得他们说得有道理，后来慢慢领悟到，这些方案和技巧都是错的，从思路上根本就大错特错。

我特别想告诉大家，不要被这些错误思维所影响，如果你在入行之初，思维就被带进沟里去，可能好多年都爬不出来，甚至长期在沟里待着。他们并非故意坑你，而是他们自己都不明白，为什么"实盘"与"虚盘"是彻头彻尾的伪命题，为什么询盘的真假根本不用鉴别，也无法鉴别。

每个客户的情况都不同。有些人喜欢把事情说清楚、说透彻，告诉你详细的需求，为了让你报一个准确的价格。但也有很多人，喜欢先了解你的产品和价位，看看有没有令他感兴趣的东西，再决定是否要往下谈。

有些客户会先谈价格，价格能谈妥，才有必要谈其他细节，若价格无法达成共识，谈其他条款那是在浪费彼此的时间，因为不可能成交。这好像有点道理，好比我们在买房时，总要了解某个楼盘及户型的大致价格跟我们的心理价位和购买力是否匹配。这就是为什么即便销售员说每套房的价格不一样，楼层和朝向不同，一套房一个价，我们也要先了解一个大致的价位区间，这就是匹配度的问题。我想买一套一千万的房子，可你卖的房子起步价都要两千万，那就不符合我的需求，我买不起，自然也就没必要谈里面的硬装、软装和其他家具家电，那纯粹是在浪费时间。

有些客户不喜欢先谈价格，要先看样品，他们认为样品完全满足需求，品质达到预期，才有必要谈价格。否则，一上来对着图片和描述谈价格，这些客户会觉得毫无意义。同一张图片和要求，不同的供应商报出来的价格可能会相差好几倍，根本无从比较。特别是一些大买家，都要求先看样品，达到要求的供应商才可以进入后续的报价环节。

有些客户就简简单单一句话，"请你们提供产品的详细报价单"，这是"虚盘"吗？我看未必，因为客户或许真的想认真看看你们公司不同产品的价格，做筛选和比较。

有些客户写了长篇大论，从图片到要求，从内容到数量，从包装到细节，从付款方式到装运条件，事无巨细地写清楚，这是"实盘"吗？也许未必，如果真的要套价格、套信息，往往会伪装得跟真正的客户一样，细节把握特别好，语气特别到位，让你感觉成交的概率很高，你才会提供他想要的东西。

看到这里，是不是有点晕？那我们如何分辨询盘的真假？如何判断客户的真实意向？

答案呼之欲出：千万不要乱猜！

也就是说，在没有明确证据的前提下，我们应该默认询盘都是真实的，都要认真高效地回复和处理。我们可以根据客户和其所在的市场来划分优先级，分先后顺序进行处理，这没问题。但是绝对不可以拍脑袋决策，耍小聪明往往容易错过机会。

你又如何知道，下一个询盘背后的客户，不会是你人生中重要的贵人呢？

三、客户的权衡点

客户在询价的时候，一定会接触到形形色色的供应商，即便是同样的产品，不同供应商的报价也一定会有差异。那客户会如何选择？一定是价格最低的那家吗？其实未必，或许客户选择的是价格相对低，但是最实在、最靠谱、最让客户信任的那家供应商。

这里的权衡点，在于靠谱，在于合适。价格的确是重要的考量因素，但绝对不是唯一的因素。

多年前我供职于一家美国公司的采购代表处，担任高级采购总监。有一天收到总部关于名片夹的采购需求，采购数量暂时未知，他们要我物色和推荐合适的供应商，并提供图片和报价，以供筛选。

我直接联系的自然是平时合作良好的老供应商。有两家贸易公司第一时间给我推荐了几款产品，并提供了详细的报价和图片，同时告知了打样时间和大货生产时间，非常专业。

接下来为了多做比较，我还在 B2B 平台上找了几家新的供应商，有贸易公司，也有工厂。我的习惯是先写详细的邮件告知我要询价的产品，并简单介绍我方公司以及合作条款，然后再打电话过去确认，跟进细节。

这时有趣的场景出现了，为了区别这几家公司，我简单用 A、B、C、D 这四个字母分别来代替四家供应商。

案例 3-1 四家供应商的不同应对

A 公司：

邮件发送后没有回复。打电话过去，是一位女士接的，开口就是："你是谁？你找谁？你是干什么的？你要询价？询什么产品啊？你们是什么公司？哪里的？订单数量多少啊？"

一连串的审问，让我感到头晕，匆匆说了句"谢谢"，就挂了电话。

B 公司：

邮件发过去没有回应，还是需要打电话跟进一下。

这次接电话的是位男士，听上去年纪不轻，说话很客气。听我说明来意后，他马上表示会让同事尽快看我的邮件，并给我回复。

只是这个尽快，一直都没有真正落地。我几次打电话去问，得到的答复不是"同事比较忙，正在处理"，就是"不好意思，我们会尽快回复"。到了第四天依然没有回复，我感到非常无奈，后来也就不催了。

C 公司：

这个公司就更离谱了，发邮件没人回复，打电话过去，是一位女士

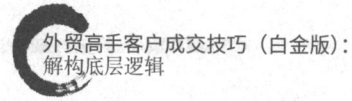

接的,拿起电话劈头盖脸就问:"你找谁?"语气不善。

我表明来意,话还没说完,对方就直接打断:"你就告诉我你要找谁吧,我没时间听你啰唆。"我连忙解释:"这是初次合作,以往没有联系和接触过贵公司,不知道该找哪位,能否麻烦你帮我转接一下?"她说了句"莫名其妙",然后直接挂断了电话。

我自然不会再打过去,这个公司也被我列入了黑名单。

D公司:

这家公司相对好一些,员工素质过关,都有基本的礼貌。虽然邮件同样是未回复,但至少主动打电话过来,问了一些询价的产品和相应需求,这一点让我比较赞赏。

尽管后来也没有下文,因为对方坚持要我提供图片和准确的材质、数据方面的资料。而我没有这些东西,只是需要供应商配合,推荐合适的产品给我。

通过以上案例很容易看出,除了D公司之外,其他公司都是"见光死",直接被排除在外。原因何在?大家自然可以看明白,在此没有必要再展开阐述了。至于D公司那位业务员的工作方式是否有问题,我不想评论,但是可以看出,这四家公司的员工都不够专业,服务也不够好。

他们都没有回复邮件,这一点很不可取。A、B、C三家公司如此对待潜在客户,他们的老板如果某一天发现公司每年花费几万甚至几十万投入在平台上所引来的询盘和流量,居然被员工如此浪费,会不会气出病来?

我无意谴责他们,也不想评价员工工作方式的问题。我想说的是,我作为客户,体验并不愉快,因为沟通成本太高,跟进催促太累。这个案例让我感受到一点,因为基层员工的问题,这些公司失去了一个跟我们合作的机会。

所以,预测询盘结果,猜测客户的采购意图,这本身就是大忌,一不小心就会得罪人,再一不小心就会失去机会。

第二节
赢了辩论，输了订单

跟客户谈判不是法庭辩论，谁对谁错不重要。要学会跳出争议看利益，消除分歧，把项目推进下去。

一、谈判不是上法庭

一直以来，很多业务员都有一个错误观点，就是"一是一，二是二，凡事都要分个是非对错"，很多人甚至认为，这是原则问题，要跟客户讲道理，我们不能吃哑巴亏。

怎么说呢，在我看来，以上观点本身就大错特错。

谈判是为了让订单成交，是为了解决问题，是为了弥合分歧，是为了展望未来……但谈判绝对不是为了上法庭去辩论是非对错，也不是为了去逼着对方认错。你千万不要觉得争赢了客户，就赢得了谈判，就能让生意一帆风顺，实际上完全不是这个逻辑，谈判一定要是"双赢"的，彼此各取所需，才是正确的。

有些朋友很喜欢辩论，如果觉得对方是错的，就非要解释加举例，非要把自己的观点强加给客户，非要证明客户是错的，非要让客户同意和接受自己的观点，否则就觉得客户没法沟通，什么都不懂，一点都不专业。大家别笑，这种情况在外贸场景中是经常发生的。

案例 3-2 把自己的观点强加给客户

我在贸易公司工作的时候,曾经有一天收到一个询盘,一位德国客户在寻找某款园林剪刀,数量是 3000 把,并说明手柄的塑胶部分必须用 TPR①,而不用 PVC②。因为他要检测 Phthalates③ 的含量的安全性,PVC 材料的超标风险相对高一些,所以该客户特别强调他不接受这种材料。

我让助理去询价,当天下午就拿到了工厂的报价单,在描述一栏里清清楚楚地写着:聚氯乙烯手柄(PVC handle)。我感到奇怪,立刻打电话给工厂,告知我们的客户要求手柄用 TPR 材料,不要 PVC 材料的,让他重新核算价格。下面就是我们当时的对话记录,我根据记忆还原了当时的场景,内容未必完全一致:

我:"刘经理,毕竟我们的客户是德国人,欧洲对于塑料和橡胶方面的测试要求很高,客户指定手柄的塑胶部分要用 TPR……"

刘经理:"我知道的,我们出口德国的产品很多,PVC 出了这么多年了,也没出现什么问题啊。"

我:"我知道您说得没错,但客户的情况比较特殊,他有他的要求,所以我们需要按照他的要求来报价。"

刘经理:"你们的客户到底懂不懂啊?TPR 这么贵,干吗不用 PVC?我们现在用的都是环保材料,检测不会有问题。你跟客户说一下,用 PVC 就可以了。"

我:"这个我明白,但客户现在想要的就是 TPR 手柄……"

刘经理:"就这么点数量,麻不麻烦啊!"

---

① TPR:全称是 thermoplastic rubber,是一种热塑性橡胶。
② PVC:全称是 polyvinyl chloride,化学名聚氯乙烯,是一种类似于橡胶的聚合物。
③ Phthalates:邻苯二甲酸盐。

我："是，你说得没错，采购数量的确小了点，可毕竟是新订单，也需要我们这边相互支持，把客户的量慢慢做大，所以……"

刘经理："那我没法弄，你们什么都不懂，我们做了这么多年欧洲市场，从来都没问题的，跟×××和×××这些大客户都有合作……"

之后的对话我就不写出来了，反正不太愉快。从以上来来回回的对话可以看出，工厂联系人的脾气有些急躁，屡次打断我的话，不太礼貌，而且认为我不懂、不够专业，他们现有的产品没问题，德国市场正在销售，所以我们的要求不合理，不仅我不懂，我的客户也不懂。

站在产品的角度，他的方案是否正确，我们姑且不论。但站在我的角度来看，我会高兴吗？客户想要什么，这是客户的自由，也是客户的选择。你可以给出建议和方案，但是选择权和决定权在客户手里。

有一次在意大利，我隔壁桌的游客点了薯条，但他不要番茄酱，而是要辣酱。店员也没觉得诧异，尊重客户的要求提供了辣酱，而不是一味地强调薯条和番茄酱才是绝配，你要用别的，那就是你的不对，因为其他客户都不这样选择。

这种逻辑，显然是有问题的吧？

二、谁对谁错不重要

在商业社会，我们会碰到各种问题，会有各种观点跟客户发生冲突甚至碰撞，这很正常。

我们作为专业的外贸人，给客户提出专业的意见，提供完整的方案，把我们的经验和建议分享出来，供客户参考，这是对的。

但这里并不是非黑即白，也不是只有一种答案，每个人的情况不同，每个人的诉求也不一样，我们没有办法用我们的观点去全面影响客户的要求。

这就是立场问题，也是角度问题。

当我们面对客户的时候，我们的立场是要争取合作的机会，是要拿下订单。客户的立场，是要物色合适的供应商，是要降低采购成本，是要控制风险。两者的立场一定有相对立的地方，也有重合的部分。

既然如此，谈判的过程不可或缺，如何确认彼此之间的共识，如何消除双方的分歧，如何找到能够让彼此接受的方案，把项目成功进展下去，才是正确的路。

谁对谁错不重要。也许业务员是对的，也许买手也是对的，谈判双方没有输家，都是赢家，这同样很正常。

例如，做过童装的外贸人或许很有感触，出口婴儿服装去欧洲，通常的色系是蓝色和粉色，蓝色是男孩子穿的，粉色是女孩子穿的。那如果，今天有个荷兰进口商要采购黄色的婴儿服装，你是否要跟他争论个对错，告诉他应该选择蓝色和粉色，因为这两个颜色最好卖也最合适？

正确的做法是提出建议和方案，将具体情况告知客户，我们什么颜色的产品销量最好，甚至提供一些数据作为参考。但是客户要买什么，最后的决策权还是在他手里。你有你的经验没错，客户也有他的立场，也许他的销售渠道特殊，或者他的产品定位不同，或者他的品牌格调不一样，或者他要开辟新市场，谁知道呢？客户也没必要把他的想法一五一十地跟你说得清清楚楚，这是他的生意，是他的商业机密，不是吗？

三、跳出争议看利益

商业的本质是需求探讨，因为你有需求，而我正好专业，我们自然而然就有机会合作。

我们中国人一直以来都有这样的智慧，能够理解彼此的差异，能够接受双方意见的不一致，所以才有"求同存异"一说。

当我们完全不同意对方的观点或者想法的时候，要判断这个事情是否会触及我们的底线。如果不是，那就不要试图去改变和扭转别人的想法，因为没有必要。就如同案例3-2，工厂业务员也许不认同客户的要求，认为没有必要做TPR手柄，如今的PVC材料可以做到环保，可以通过测试，价格还便宜，为什么客户就是不懂这个？客户的选择是不是错的？

这里的争议点，以及真正需要剖析的是会不会触及工厂的底线。而在这个案例中，显然并没有触及底线，工厂业务员是出于好心，希望帮客户节约成本，希望提供专业的意见让客户接受，不希望看到客户花冤枉钱。可现实中，好心却办了坏事，就是因为不理解对方的立场从而说出了一些不理智的话语，结果激怒了客户。

有一次，我带着孩子去我国台湾省旅行，在入住台北市信义区的 W 酒店时，我让前台给我安排一张婴儿床。当时那位前台小姐说，我的孩子已经三岁了，酒店的婴儿床的尺寸比较小，都是给三岁以下的孩子使用的，她担心会影响舒适感，问我是否需要另外添加一张小床。我回答不需要，因为我要婴儿床是为了放在床沿边挡一下，孩子依然睡在大床上，这样就不容易从床上摔下来了。对方立刻表示明白，并进行了妥善的安排。

这就是专业，在明确了客户的需求后，并不是跟你争论有没有用、有没有道理，而是根据客户的要求，尽可能提供自己可以办到的产品或服务。当服务员布置完婴儿床后，还专门移动了客厅的一个沙发，将其挡在婴儿床边，以确保婴儿床不会因为移动而跟床沿间出现缝隙，避免发生危险。看，这就是人家办事的水平，会在满足客户要求的同时，再根据经验完善好细节，把事情办得很漂亮。

注意，这里的关键词是"可以办到的事情"。如果你可以办到，为什么不去做，而让对方感到你在找麻烦，在故意刁难？

前台服务员可以给出其他方案吗？当然可以啊。譬如我们给你安排一个帐篷，让孩子睡在地上；我们给你移动床旁边的贵妃榻，也可以有这样的效果……

但他们完全没有这样做。因为这个争议点是一件小事，不需要去扭转客户的想法，而是应该让客户在入住期间过得愉快。这件事情有没有给酒店带来不便或者额外的损失？有没有影响酒店的原则立场？既然没有，那照做就是了，不仅照做，还给你做得锦上添花，你能不满意吗？

记住，跟客户做生意，不要总带着情绪去做事，也不要被情感因素所影响。要跳出争议看利益，如果这个争议点并不会影响我们的核心利益，那么求同存异就可以，支持客户就可以。

　　我们要的是双赢（win-win），目的是赢得订单（win the order），而不是争赢客户（win the argument）。

第三节
坚持底线，巧妙妥协

坚持不是固执，妥协不是失败，通过谈判各取所需，完成双赢最终目的。

一、坚持不是固执

坚持底线做事情，证明这个人对自己和公司有信心，对产品和服务十分自信，这是好事情，但过犹不及。

很多外贸人混淆了"坚持"和"固执"的含义，从而在工作中出了很多状况，带来了许多不必要的后果。

十多年前，我在香港利丰公司供职的时候，有一个露营系列的采购项目，找了某家工厂询价。当时我们服务的客户是美国的Meijer[①]，这个项目不算小，属于至少一两百万美元交易额的级别，对于大多数的贸易公司和工厂，都不是那种弃之敝屣的项目。

可惜的是，当我写了邮件，发往工厂官网上留的邮箱，没有收到任何消息，随后又打电话让前台转接到对方外贸部门的销售经理，并表明来意后，这位经理给了我一个趾高气扬的回复："不好意思，我们都是直接跟客户打交道的，不跟贸易公司合作。"

---

① Meijer：美国区域型大型超市，成立于1934年。

我一下子愣了，也的确是第一次碰到这样的情况。于是我试图跟对方解释，我们不是一般的贸易公司，而是相当于客户的采购代理。因为那时候Meijer跟香港利丰公司有合作协议，每年有超过一亿美元的订单，都会通过香港利丰公司进行采购。

可对方仍旧无动于衷，带着嘲讽回复我："所有的贸易公司都喜欢伪装成客户的代理商，或者随便把一个询盘都称作自己的老客户。行了，就这样吧。"于是他挂了电话。

那个时候，我很愤怒，甚至一度怀疑，身为甲方的我什么时候受过这样的气？要知道，利丰公司当年的销售额接近70亿美元，整个利丰集团的销售额接近200亿美元，真正处在全球贸易供应链金字塔尖的公司，居然被别人瞧不上，一句'不跟贸易公司合作'就把人打发了？

后来，我自己慢慢想明白了，不同的人，不同的环境，不同的经历，带来的思维方式是完全不一样的。要说服别人，要改变别人的思维定式，几乎不可能，或者说大概率是办不到的。那位业务经理，也许认为自己坚持了立场，是对的。可在某种程度上因为他自己的固执，他失去了一个非常宝贵的订单，失去了一个潜在的大客户，这又是另一回事了。

当年的这张订单，后来分流给了四家浙江的工厂，生意非常顺利，订单金额和利润都十分可观。只是这其中，没有本应该属于那家工厂的订单。

我相信，工厂老板希望直接开发海外客户，希望直接跟最终客户对话，这是对自己的产品有充分信心的表现。当然还有另一层原因，他不希望员工变成服务于贸易公司的跟单员和客服人员。简单的事情做习惯了，以后如何做困难的事情？谁去啃硬骨头呢？

可我借此机会想告诫做外贸的朋友的是：不要轻易去否定别人，不要轻易树敌。

二、妥协不是失败

外贸业务员的工作，并不只是报价之类的客服工作，而是要通过谈判来转化订单，寻求合作机会。在谈判的过程中，双方都有自己的立场，都要赚取自己的利润，所以在很多条件上进行争论是很常见的。

但无论是怎样的谈判，都不是不平等条约，而是建立在双方互惠互信的基础上，让彼此都赢得一些想要的东西。只要是商业谈判，就必然会有让步的空间。这其中，有些是公司的底线，不能突破，但也会有一些可以妥协和让步的地方。

要注意，妥协不是放弃，不是失败，而是推动谈判进展，让生意的进展更为顺畅。

就像我们平时买衣服，也许新款没有折扣，但商家或许希望你多买一些，达到一定数量后，给你一个会员价，又或者额外送一些小礼物或赠品，让消费者有额外的获得感。

难道对方不可以没有优惠、没有折扣、没有活动，就按照吊牌价销售吗？当然可以，只是这样一来，在没有任何让步的情况下，难免会让一些消费者有失落感，甚至会因此放弃一些购买。

外贸谈判也是如此，也许客户内心已经接受了你的价格，你也可以感知，即便你不再做任何让步，对方也会下单。这时候你会怎么做？也许你会做一个象征性的让步，让对方感觉能额外争取一点利益，哪怕只有几美分，也可以促使对方尽快决策，签下这张订单。

案例 3-3 马克杯项目的成交

笔者过去做过一个马克杯项目，将整整 10 万个马克杯出口美国，客户是一个当地的咖啡品牌，他们想将这些杯子用作促销的赠品。需求量大，但是价格特别低。

这时候跟工厂谈判，我的心理价位是单价 0.5 美元，20 天交货，出货后 30 天内付款。工厂可以接受我们的目标价，但交货时间需要 45 天，而且付款方式要收取 30% 定金，余款等见到提单复印件时支付。

工厂有工厂的原则，对于付款方式不想让步，交货期很难提前。我有我的原则，交货期一定要缩短一半以上，在付款方式上希望有30天的账期。

谈判的焦点逐渐就变成了两个点：一是付款方式，二是交货期。如果供应商过于坚持原则，在这两点上完全不做任何让步，除非他们的产品特殊，完全没有同类供应商，否则就很难让谈判进展下去。工厂用了很多时间进行前期沟通和打样，特别渴望拿下订单。我也花了很多时间在谈判和跟进上，也不想更换供应商从头再来。

双方都有明确的意向，都希望生意可以进展，那自然是接着谈。

我专门拜访过工厂，了解他们的产品和生产进程。我很有信心，也知道他们坚持付款方式的原则是因为第一次合作，彼此不熟悉，担心我方的信誉。第一单就直接做放账，对方的老板担心风险问题。

找到了对方如此坚持的背后逻辑，我就设法做方案引导。既然是担心风险，而不是缺资金，那就从解决对方的顾虑入手。我提议将付款方式改成远期信用证，这样既能平衡客户这边的需求，也有一个东西握在工厂手里，工厂在心理上会感觉安全许多。如果资金上有压力，可以抵押信用证给银行，做打包贷款，预借部分货款，也能缓解压力。

至于交货期的问题，工厂明确表示模具是现成的，如果马上开工，25天应该可以完成，但是20天很悬，一旦出现意外情况就会导致延期，于是他们不愿意将交货日期写进合同，以免发生纠纷。

将这些问题都弄清楚后，那就各退一步，做45天信用证，交货期30天，彼此间相互妥协后达成共识，这个项目就此谈判完成，订单成交。

看到这里，也许有读者会问，究竟哪些原则必须坚持，哪些可以让步和妥协呢？我的理解是，凡是不危害公司声誉、信用和资金安全的条件都可以变通，都可以通过谈判解决分歧。

毕竟每个客户的情况都不一样，很难根据每个供应商来改变自己的一些制度或者规则。而当前很多领域都属于买方市场，供求关系失衡，内卷加大，供应商不得不根据具体情况进行灵活变通，通过适当的妥协和让步来推动项目进展，进而让订单成交。

三、推动项目进展是核心目的

俗话说：君子有所为，有所不为。

坚持不代表固执，妥协也不是失败。在放弃某些利益的时候，要学会为自己争取一些东西，适当的交换才是造就双赢的前提。

要明白一点，妥协一定要合理，不能一味地让步。即便你真的可以做到，但是缺乏谈判技巧，反而会让客户无所适从。

如果你报价10美元，对方还价5美元，你爽快接受，不免让人疑虑，你这价格是不是水分太多？我是不是被骗了？

那如果10美元是常规价格，8.5美元也可以做，这时候你勉为其难地同意降价到9美元，并且要求客户增加20%的采购数量。在多次谈判后，最后也许以8.5美元的价格锁定，但是采购数量增加了10%，客户还要比原先多支付8%的预付款，这或许就创造了一个双赢的局面。

所以案例的背后，都是思维方式的支撑，都是谈判技巧的体现。妥协，是为了成交。让步，是推动项目进展的重要手段。

第四节
画蛇添足要不得

我们要少一些想当然和自以为是，把更多精力投入在专业化服务上，坦荡，自然，敢作敢当，有礼有节，不画蛇添足。

一、错了，就大方承认

做生意要履行承诺，做生意要坦荡诚信，做生意要勇于承担，这些相信外贸人都会认同。在我刚入行的时候，上司就这么告诫我，这些是最基本的守则，也是大家工作中都要遵守的行为准则。在我看来，这就是我们的职业操守。

可是，在实际工作的时候，不免会出现各种问题和突发状况，使得一些承诺会难以兑现，或是打些折扣。这时候客户一定会抱怨，会抓狂，会给你写措辞严厉的邮件，会跟你的上司或老板告状，相信许多外贸人都有过这样的经历。

假设我们刚拿下一个新客户，采购3000套咖啡杯碟，客户选中了我们的Blossom系列，也愿意跟我们的Philotimo做联名品牌，交货期45天，付款方式是先付30%定金，余款见提单复印件时付清。然而，在交货的前一周，我们发现订单来不及完成，包装和纸袋的到位时间晚了，加上包装和验货等相关安排，出货至少还需要14天左右，这时候怎么办？

我曾经用一个类似的案例作为考题，考过我当时的助理。她的答案是淡化客户对我们的指责心理，解释当前情况并要求延期。那时候，她的邮件类似于这样的写法：

Dear Jeff,

I'm so sorry to inform you that the goods cannot be shipped on time. Because we were so busy in the past month. And we met the power shortage problem.

Please help to allow us 2 more weeks to ship them out. Thank you.

Regards,

Stella for Yibing

我看过后告诉她，绝对不能这么说，不能告诉客户具体的原因是我们太忙了、我们碰到限电问题，因为这些都不是理由。客户一定会认为，这是你内部的问题，因为你们没有预见性，没有安排好具体流程，会怀疑你是否为了抢订单而故意隐瞒了一些东西。

这个时候解释越多，就等于掩饰越多。你越解释，客户越会认为你在推卸责任。本来想说清楚，减轻客户对我们的不满，结果或许会起到反效果。

二、坦荡，是最佳武器

所以绝对不能长篇大论地解释，更不能编故事去骗人，一个谎言需要无数个新的谎言来圆，迟早会出大问题。

当下最好的办法，一定是坦荡面对，告知对方真实的情况，一起研究后续该如何处理，这才是应对的最佳武器。或许，邮件可以这样写：

案例 3-4 告知客户延期交货的邮件

Jeff,

The shipment of goods will be delayed by 2 weeks. We apologize for any inconvenience.

Shipping might not occur until Apr.15th then. We will do everything in our power to deliver them as soon as possible.

Kind regards,

Yibing

开头直接告知客户具体情况，对于给客户带来的不便表示歉意，这就够了，不必解释过多。一般的客户知道订单要延期，总会希望你尽快交货，而不会去关心为什么延期，背后有多少故事并不重要。过多的解释反而容易让客户觉得你是在找借口，在推卸责任。

只有一种情况例外，就是当你遇到不可抗力因素的时候，比如台风、地震、火灾等非人为因素，这时需要跟客户做详细的解释，并提供相应的证据来佐证你的观点和所说的内容。

另外，当承诺无法兑现的时候，除了道歉和简单告知外，如果还能给予一点额外的补偿，比如答应给客户降价2%，或者下个订单给予一定的优惠，又或者出货时免费提供一些用来替换的配件等，会让客户更加高兴。这才是你解决问题的态度和诚意的体现。

三、少说，不画蛇添足

要知道，谁都会碰到问题，谁都会碰上麻烦，说得越多就错得越多，容易越描越黑，把简单的问题复杂化。如果一碰到问题就解释，强调这种情况不关我们的事，反复告知客户是意外导致的，这不是最优解法。

客户有自己的判断能力，有自己的衡量标准，我们说什么都没用，问题是对方怎么想、如何认定。

当订单要延迟交货期时，可以告知对方，可以道歉，因为这的确是我们的过失。但是客户更想知道的是，究竟什么时候可以交货，需要延迟多久，会不会再次延期，你如何保障后续的稳定出货。

就事论事，给客户做方案：如何解决现有问题，以后如何避免发生类似问题，如何把风险尽可能降到最低。这才是对方想要知道、想要听你认真阐述的内容。

当你没有充分把握的时候，谈判过招的关键就是少出招，等待对方出招，然后你再见招拆招。

第五节
商务礼仪不容小觑

注意细节把握，注意谈判节奏，注意沟通方式，不让不愉快的经历阻挡项目进展。

一、不愉快的经历会阻挡项目进展

说起礼仪，我们中国人应该是最有话语权的。周公制礼、孔子论礼，礼仪早在几千年前就已深入国人的日常生活。

"华夏"是中国的古称，《左传·定公十年》"中国有礼仪之大，故称夏；有服章之美，谓之华"。

我们做外贸工作，本质上是人与人之间的接触，而并非物与物，或者人与物。只不过，这种接触在很多时候跨越了文化和国界，而且通过邮件和聊天工具的沟通，远比面对面的交流更加频繁。

邮件往来和面对面交流不同，没有对方的影响，没有声音，看到的都是冷冰冰的文字。你想要表达的内容与对方看到和理解的结果，未必相同，甚至南辕北辙。所以我们在交流的过程中，一定要尽可能地小心和委婉。一个普通的请（please），一个真诚的对不起（sorry），一个温暖的谢谢（thanks），往往能让客户有受到尊重的感觉。

这些都是基本的礼貌，不是为了迎合对方，只是希望对方看到你的文字，不至于有恶劣的印象，而愿意花一些时间看下去。就算合作并不愉快，出现各种问题，也不至于因为邮件的生硬表达而火上浇油。

"好言一句三冬暖，恶语伤人六月寒。"你尊敬对方，对方也尊敬你，这是相互的，何必要表现得傲慢强势呢？非得让客户看到你的邮件后憋一肚子火，你才高兴吗？何必，又何苦？

从我十多年前进入外企开始，就跟大量的国内供应商打过交道，贸易公司和工厂都有，一次向工厂询价的不愉快经历一直停留在我的记忆里。

案例 3-5 不愉快的询价经历

十多年前我刚从美国回来，我在展会上看到一个新款的工作灯，觉得非常漂亮，于是拍了照片，打算找工厂谈谈，看是否可以开发一款类似的产品在我们美国的门店销售。以下是我当时的询价邮件：

Dear Sir,

Glad to know that your company is an expert for work light. Please find the photo with specification in attachment, of the new model I found in the US.

Could you help to develop a similar one for us? Kindly estimate the moulds building charge with unit price.

Thanks in advance,

Yibing

结果一个多星期没有收到回复，不知道对方是没兴趣，还是没法做，或者有其他原因，总之一点消息都没有。在这期间我找到他们官网上留的电话，拨打了多次，始终无人接听，又跟进了三四封邮件，也都毫无进展。

有一天电话终于打通了，是一位男士接的，听我说明来意后，马上问我的订单量。我解释这是我们打算开发的一个新项目，我们是美国的超市，希望开发一款新品，能在北美的 90 多家门店尽快上架销售。

话还没说完，他马上就说了句："你的邮件我刚才看了，没有具体的订单就没什么好谈的。"之后他立马就挂了电话。

我没有再打过去，也没有去过度恳求，因为没有意义，对方缺乏意向。所以到了这个阶段，产品如何，价格如何，这些都不重要了。因为对方的无礼让我直接感觉到其欠缺诚意，那又何必谈下去浪费彼此的时间呢？

后来我找了一家东莞的工厂，新开了模具，产品很成功，在美国的销售情况也不错，两年内下了七轮订单，这就是后话了。

我举这个例子只是想说明一个问题，很多客户也是感性的。当你恶语伤人或者并不友善，即便你的公司或产品很出色，他们都未必愿意继续谈下去。

二、注意把握细节

那我们如何在平时的工作中注重商务礼仪，不让客户不快，或者说不至于引起误会呢？

简而言之，要在细节中下手，避免因为言语过激而触怒对方，那就得不偿失了。

当客户询价的时候，我们如何用一套标准的作业流程来完成前期沟通和后期跟进的动作？当客户有疑问的时候，我们这边的联系人是否能够在第一时间给客户处理，让问题到此为止？

要避免因为拍脑袋决策而胡乱谈判，以及不动脑筋张口就来，从而引起对方的误会和不满。更要避免踢皮球，"事不关己，高高挂起"的态度绝对不能有。

案例 3-6 细节处理带来的误会

我在贸易公司管理业务团队的时候，发生过这样一件事情。某天晚上，我接到一个德国客户的电话，他的语气非常不满，劈头盖脸地对我一阵训斥，甚至告诉我，如果不想跟他合作就请直说，也可以把他的联系方式移出我们的联系人库。

我很诧异，究竟发生了什么？这个客户是我们的重点开发对象，之前我们内部讨论过，而且已经完成了两次打样，拿下订单就是临门一脚的事情，到底出了什么状况？

一谈才知道，原来是我们公司业务员的问题，他的做事方式让客户非常不快。譬如，业务员在给客户写邮件的时候，经常会用"你知道吗？"（Do you understand?）这样的句型，让他觉得我方业务员在居高临下地质问他、嘲讽他。另外，当他向公司业务员问一些问题的时候，往往会被忽视，没有得到任何反馈和答复，让他不知道究竟情况如何，他觉得沟通太累，不想继续下去。

在了解情况后，翌日我亲自跟客户解释，这是一场误会，我保证以后不会发生类似问题，我们会做内部检讨，改进我们的工作流程。

我仔细看了业务员和客户往来的邮件，里面的确经常出现"Do you understand"和"Of course"之类的语句。这是我们的失误，业务员的英语水平不佳，无法规避不同语境下的用词失误，让客户觉得他十分无礼。

乍一看 Do you understand? 是询问对方是否理解和明白，但在职场上，往往是对别人的一种质问，类似上司对下属的敲打。用在这里，的确不妥。

字面上 Of course 是"当然"的意思，是对客户要求的一种确认和保证。但事实上是带有不耐烦的语气的，类似于"我知道了，我会处理的，你别烦了"，这会让对方感觉被冒犯，是不适合作为商务邮件用语的。

发现这些问题后，我专门开会总结和调查了业务员邮件用语中的一些问题，并专门做了表格来改进内容。以后碰到类似问题，可直接核对，用更加委婉和不容易出现误会的表达来替代，如表 3-1 所示。

要根据情况做相应的总结，罗列表达中的一些问题，做好修改的句型和内容，变成标准作业，做成如表 3-1 那样具体的总结，再根据实际情况不断填充和增加内容。业务员在写邮件的时候，就可以检索和对比，选择更委婉和稳妥的表达，以免在不经意间得罪了客户。

表 3-1 邮件表达中的委婉语气替代

	问题句型	建议使用	翻译
1	Do you understand?	Have I clarified it enough?	我的表达够清楚吗？
2	Of course!	Sure!/Certainly!	当然！
3	You will be noticed!	We will keep you posted on this!	我们会让您知道最新进展！
4	Inquiry received.	Thanks for your inquiry.	感谢您的询价。
5	Do you have a sample?	Could you please show me a sample to proceed, if possible?	如果可以的话，能否麻烦您提供一个样品给我们参考？
6	……	……	……

至于客户提到的第二点，业务员经常忽视客户的提问，动不动就失联，也没有消息给到对方，业务员表示很冤枉，她做事情需要时间，对接其他部门同事和联系供应商，也需要时间。她都是一旦收集到信息后，就反馈给客户，从来没有拖延。

我明白了，这里面的问题，在于彼此信息不对称。我们收到客户的问题，正在尽快解决，那就要传递给客户一个信号。

譬如，I'm checking with our factory and will give you reply within 2 days.（我正在跟我们工厂确认，两天内会给您答复。）Our designer is working with the die-cut drawing and will keep you posted on this!（我们的设计师正在做刀模图，会随时让您知道进展。）

否则客户心里没底，不知道你有没有收到信息，不知道你愿不愿意做这单生意，不知道你会不会给答复。左等右等没消息，他可能就去找了你的同行。因为他根本不知道你付出的努力和心血，根本不知道你正在全力以赴，因此对你产生了不良印象，这样是不是很不划算？

三、基础中的基础

在跟客户沟通的过程中，不论是写邮件也好，用聊天工具沟通也好，打电话也好，当面接触也好，基础的基础，一定是保持尊敬的态度和委婉的用词，最基本的礼貌是必须坚持的。"买卖不成仁义在"，千万不能恶言相向或者出言讽刺。

大多数成功的生意人是彬彬有礼的，很少会出言不逊。他可以不跟你合作，可以不同意你的观点，但说话做事都会尽量客客气气，不跟你吵架，不跟你红脸。

在不久的将来，我真心希望这种情况能够在贸易行业中普遍存在：不去质疑客户，不去猜测别人，不用自己的思维定式去贸然定义别人。在收到客户的询价时，往往会礼貌应对，会告知需要的处理时间，会委婉地询问对方的看法，会有"您好，我是某公司的谁，具体负责什么工作，欢迎您来电，请问有什么可以帮您？"而不是"你是谁？你找谁？你们什么公司？你有什么事情？"之类让人听着就想挂电话的查户口式的提问。

这样大家都会比较舒适，会通过外贸这个行业使人与人之间的距离不那么疏远，不那么冷漠，彼此之间和谐共处，寻找合作机会，平时宽容待人，难道不是很好吗？

即使在某些场合下，客户可能对你不友好，也有可能出言不逊，但你未必就要立刻还击，针锋相对。出一口气容易，但是骂几句能解决问题吗？情绪只能推高对抗，不能带来价值和利益。只要不触犯自己的原则和底线，就应该保持礼貌、保持风度。

布袋和尚的《插秧诗》，或许能给大家一些启示：

手把青秧插满田，

低头便见水中天。

六根清净方为道，

退步原来是向前。

第四章
报价单里的大智慧

我的报价单足够好吗?
为什么报价进展不如人意?
好的报价单究竟是什么样子的?

第一节
告别"土气"报价单

怎么把报价单做好？除了内容，还要把颜值提升。第一步，告别"土气"。

一、字体

好的报价单，各有各的优点。但是差的报价单，问题往往都是大同小异的。而一般情况下，一份让人皱眉的"土气"报价单的最大问题，就是字体。因为文字是通过内容或者文档，第一时间映入对方眼帘的。客户通过报价单不是只看图片，也不是随便看一下价格，必然需要阅读其中的内容。

字体的设置不合适，往往给人相当大的不适感。这就好比上身西装搭配下身沙滩裤的装束，不协调就是最大的问题。

根据笔者的总结，外贸人在报价单的字体设置中，往往会犯以下三种错误。

错误一：英文文字部分，字体用了中文的宋体。

错误二：中文文字部分，字体用了 Ariel 等英文字体。

错误三：由于很多内容来自复制、粘贴的关系，导致字体和字号混乱。

大家可以对号入座一下，自己犯过上面的哪个错？还是几乎全犯了？

这就好比在考试的时候，老师会强调卷面的整洁和干净利落。如果用了多种字体，一会儿行书，一会儿楷书，一会儿隶书，字号还大大小小不统一，会给阅读的人带来很大的不便，自然会影响评判。

在报价单的制作中，可以根据喜好来选择合适的英文字体，但不建议用过于花哨的字体。毕竟这是商务内容，还是要偏正式一些，个人认为，以下的12种字体比较符合欧美主流商务人士的习惯，不论是报价单制作还是邮件撰写，都可以考虑先用，并根据实际情况使用，见表4-1。

表4-1 12种适合报价单的英文字体

英文字体	视觉效果
Avenir Next	Offer sheet for PHILOTIMO coffee cups & saucers
calibri	Offer sheet for PHILOTIMO coffee cups & saucers
Footlight MT Light	Offer sheet for PHILOTIMO coffee cups & saucers
Canela Deck	Offer sheet for PHILOTIMO coffee cups & saucers
Century Gothic	Offer sheet for PHILOTIMO coffee cups & saucers
Garamond	Offer sheet for PHILOTIMO coffee cups & saucers
Myanmar MN	Offer sheet for PHILOTIMO coffee cups & saucers
Palatino Linotype	Offer sheet for PHILOTIMO coffee cups & saucers
Optima	Offer sheet for PHILOTIMO coffee cups & saucers
Papyrus	Offer sheet for PHILOTIMO coffee cups & saucers
Times New Roman	Offer sheet for PHILOTIMO coffee cups & saucers

二、图片

除了字体之外，制作报价单时我们另外最需要重视的，就是图片。

是的，你没有看错，不是价格，也不是专业细致的内容，而是图片，高质量的图片。

图片相当重要，拍摄的角度、光线、阴影、尺寸大小、色调等都很有讲究。一般来说，客户打开报价单，目光很容易被图片吸引，其次是价格，然后再看看描述和相关资料。如果还有时间，也有兴趣，才会阅读其他内容。

图片是直观地介绍自己产品的"武器"，把这个"武器"用好了，在外贸开发过程中是无往不利的。很多供应商在报价环节中输了，往往不是输在产品上，也不是输在价格上，而是输在图片上。

一张张图片没有给客户带来很好的印象，没有给公司加分，反而是扣分，扣掉了印象分，失去了购买信心，贴上了"普通"（normal）或者"低品质"（poor quality）的标签，这对整个开发过程来说是致命的。

假设我的产品是60分，通过专业的报价单、详细的描述和各种细节把握，能够把印象分打到80分。若是再加上一张精美的图片，进行场景化的代入，甚至直接可以冲到120分，给客户留下很好的印象，进而推动到样品环节。

一张好的图片，往往胜过文字描述，因为图片能让人看到实际的东西，而不是空洞的描述。图片不一定要多么复杂，但要让客户能从图片中提取到他关注的点的信息。

譬如，我们做一个杯子，我拍一张精美的图片，可以看清楚杯子的颜色、光泽、表面处理工艺、描金把手的材质，能看出瓷器的细腻，能感知其手感的温润，这就是一张好的图片，是给产品锦上添花的。

而很多外贸人没有重视图片的作用，随意乱拍照片，图片背景混乱，把高品质的东西拍出了地摊货的感觉，自然容易让客户在比较中选择了你的同行。

在报价单里，一款产品并不只是一张图片，也可以是图片组（Photo Group），要用多角度、多场景展示优势特点，这招跟开发信的 Mail Group 是同样的道理，就是通过一系列的图片展示，让人抓取到其所包含的大部分信息，再加上文字的描述，就不容易对产品产生误解，也会带来更多的机会。

优秀的报价单，绝对不能配上"土气"的图片。

三、格式

你的报价单是一页，两页，还是很多页？

究竟是有效的内容多，还是在固定格式里放了一大堆无效信息？

好的报价单，一定是简洁有力，让人一眼就能抓住一些关键点的。所以格式和模块的设置、具体的分类，需要清晰醒目，让客户一目了然，可以随时检索和抓取到想要的信息。

我想看一下具体的包装尺寸，可以找到产品的彩盒尺寸和外箱尺寸，包括 20 英尺柜和 40 英尺柜的不同装箱量。

我想了解产品的具体材质和功能，可以迅速在描述（Description）一栏中，找到相关的内容。

我想明确产品的品质和相关测试，可以在认证和测试部分找到内容，能在第一时间做出基本判断。

我想查阅报价单的有效期，看看这个价格能维持到什么时候，同样可以很快找到相应的描述。

因此，明确的格式把内容模块化，可以让阅读者在第一时间找到其关注的要素，这比过去那种眉毛胡子一把抓的"土气"报价单专业许多。

还有就是电子文档格式的问题，个人建议还是以 pdf 格式为佳。理由是，大部分客户的计算机和手机都可以打开 pdf 文件。至于常用的 Word 文档和 Excel 表格，对于使用 Mac 系统的人，虽然也可以将其打开，但效果不是特别好。而 Mac 使用者采用的 Pages 和 Numbers 软件，对于 Windows 系统使用者来讲，会碰到同样的问题。

第二节
三步走向"专业细腻"报价单

做好调研工作,优化内容模块,完善和突出优势卖点,让自己与众不同。

一、信息第一

兵马未动,粮草先行。

做任何事情,都要尽量谋定而后动。先做好准备工作,手中掌握的资料和信息越充分,就越容易做出相对准确的判断,制定更有效的方案。我们常说:"谋事在人,成事在天",这第一步自然是"谋事",综合各种信息积极分析和谋划,成功的概率自然会大大提升。

譬如报价,如果不知道客户的公司规模,不知道客户的企业性质,不知道客户的目标市场,不知道客户的销售价格,不知道客户的行业背景,不知道客户的采购渠道,不知道客户的市场策略,试问你如何有信心让你的报价可以一击即中,赢得客户的兴趣呢?这就像赌博一样,随机性太强,一切靠天吃饭。

所以在做准备工作的时候,你必须认真研究客户的公司背景、资金实力、目标市场、海关政策、进口关税、市场潜力、零售价格、渠道分布等,然后做出综合评估,找到方案和切入点,再进行"准确"报价。

请注意,"准确"两个字我加了引号,并不是指价格低,也不是指价格合理，而是报价要为客户量身定制，对不同的客户采取不同的方案，要有针对性，要在字里行间体现自己的专业度和公司的优势。只有这样，才有可能让谈判进展下去，争取到进一步的价格谈判的机会。

所以，在报价之初，第一个动作就是rigorous investigation，即缜密的调研。这一步很关键，容不得半点偷懒。若信息掌握不充分，往往容易被表面资料误导，从而做出错误决策。

二、内容第二

一般而言，报价单的内容要尽量丰富，要考虑到客户需要和他们可能关注的各种信息。如果客户是中间商，要跟他的终端客户详细讨论，那我们提供完整的产品描述和外箱资料、测试信息和认证要求，包括其他的与物流相关的备注，都需要准确提供。

因为内容不足，客户在终端客户那里，就会碰到很多问题，甚至在跟他的同行的竞争中败下阵来。在这个时候，我们一定要全力支持和配合我们的客户，根据以往的经验，给予客户最翔实的内容支持。

案例 4-1 给美国客户电磁炉报价单的内容模块

如果你是中国某出口电磁炉的贸易公司，你的目标客户是美国的家电卖场或大型超市，那一般来说，你应该好好检查一下，你做给客户的报价单里，是否包含以下这些内容。

1. 品名
2. 货号
3. 图片
4. 尺寸
5. 重量
6. 功率

7. 材料

8. 认证

9. 测试

10. 第三方报告

11. 摔箱测试结果报告

12. 产品使用年限

13. 包装资料

14. 装箱量、毛重和净重

15. 贸易术语（如果客户没有特殊要求，一般采用FOB）

16. 价格

17. 起订量

18. 装运港

19. 报价有效期

当然，我们还需要根据实际情况，补充更多的详细内容并尽量补充完整，要让客户看了报价单以后，不仅没有内容方面的问题可以提问，还觉得你解决了很多他不知道或者忽视的地方，给了他很大的帮助，这才是一个训练有素的优秀外贸人需要做的。

千万不能像挤牙膏一样（很遗憾，大多数外贸业务员都是这个样子），什么事情都不说，需要别人问你，客户问一句才答一句，推一下才动一下，完全没有任何专业意见和建设性方案，没有任何的举一反三的亮点，那样必然会影响客户对业务员的印象，一旦他碰到出色的你的同行，相较之下你很容易在客户心里被贴上"糟糕"的标签。

在一份出色的报价单里，丰富而专业的内容永远是灵魂，是核心价值所在。价格，终究只是整体内容的一部分。报价单的英文叫quote sheet，这里的quote一词本身就有"引用"的含义。引用什么？自然是有价值的相关内容，你需要通过这份文件，将价值传递和提供给客户。

以下是我曾经给客户做的一份报价单（见表4-2），美国大买家特别喜欢我的这种报价单格式，它得到过多家零售商采购主管的褒奖。

表4-2 毅冰针对美国大买家的专业报价单

LOGO		QUOTE SHEET	
Quote date:		Quote valid date:	
Company:		Customer:	
Current contact:		ATTN:	
Tel/Fax:		Tel/Fax:	
Email:		E-mail:	
PRODUCT DETAILS			
Product name:		Description	
Item No.:			
Quote category:			
Material breakdown:			
Certificate:			
Testing issue:			
3rd party factory audit:			
MOQ:			
Country of origin:			
Port of loading:			
H.S. code:			
Tax refund:			
PHOTO DETAILS			
photo 1	photo 2 (if needed)		photo 3 (if needed)
PRICING DETAILS		PACKAGING INFO	
FOB price:		Sales packaging:	
Last quote price:		Weight:	
Import duty rate:		Packaging size:	
Duty surcharge:		Inner pack:	
Estimated Ocean rate:		Master carton pack:	
Estimated transloader fee:		Carton dimensions:	
Handling charge:		Master CBM:	
Tooling cost(if needed):		G.W.:	
Tooling surcharge per pc:		N.W.:	
C&F price:		Q'ty/20',40',40'HC:	
Estimated loading price:		Alternative pkg:	
Suggested retail price:		Pkg remark:	
ADDITIONAL COMMENTS & REMARK			

三、细节第三

给客户制作报价单的过程,属于业务开发环节中的重要一环,细节的把握是不可或缺的。在外贸行业里,一个订单的成功有偶然性,可能有运气成分,但连续的订单斩获必然归功于业务人员和其团队的专业性。要做到专业,对于细节的处理必然需要精益求精,甚至达到苛刻的地步。

没有人天生就很懂客户,大家都是靠后天的努力和不断的摸索来提高的。当然,这期间不免有很多踩雷的过程,也不免会交不少学费。

很多朋友会发现,日本供应商很注重细节,即便是一份简单的报价单,他们都可以做到让你赏心悦目。这是他们的工作习惯和氛围决定的,日本人对于产品生产进程的把握大多苛刻,这为他们在国际市场的口碑上赢得了良好的声誉。国内的很多工厂喜欢请日本的厂长和技术人员参与管理工作,就是看中他们对于生产过程中的细节把控,把细节做好无形中提高了工厂和产品的档次,更容易赢得客户的赞赏。

报价也是如此,一份报价单做起来容易,但对于细节的把控,最考量一个业务员的个人能力,体现其是否拥有丰富的经验,决定其能否跟同行拉开差距。

比如,以下这八个问题,平时你有思考过吗?在制作报价单的时候你有专门调整和处理好吗?

- 图片要控制为多大尺寸?
- 图片的尺寸比例和像素设置为多少?
- 报价单是否设置好打印区域,以方便客户一键打印而无须左右调整?
- 客户能否打开你用的那种文件格式的文件?
- 报价单的段落和颜色层次如何设置才有高级感?
- 如何让客户无法忽视报价单里的主要内容?
- 如果价格根据不同采购数量有巨大差异,如何设置梯度报价?
- 如何整理多个产品的组合型报价?

若你都能很好把握这些细节,能随手根据情况做出一份漂亮、简洁、准确、美观、大气的报价单,那你就可以称得上"专业"这两个字。

两强相争勇者胜,两勇相争智者胜。那两智相争呢?就看谁更专业、对于细节把控得更好,要让客户感受到你的努力,感觉到你的专心、专注和专业。

第三节
充满大牌感的极简报价

少即是多（Less is more）。多一些留白，格调会更好。

一、什么是大牌感

如果别人问你，你最喜欢哪个品牌？

相信你一定可以回答出来，因为第一时间在你的脑海中会浮现某个品牌和其背后的产品，也许是某个奢侈品牌，也许是某个小众的设计品牌，也许是某个家居产品品牌，也许是某个科技产品品牌。

如果再进一步提问，你为什么喜欢这个品牌？他们的产品具体有什么特点？

或许你要思索一下才能继续解答这个问题。我可以给你一点提示，任何大牌的产品，都有让消费者记忆的点，你可以认为它是一种特殊的触发点（trigger），记忆的触发点大多跟图形、图案、文字或者颜色有关。

当别人提到爱马仕，你或许联想到的是绝佳的皮料和经典的橙色。

当别人提到卡地亚，你或许联想到的是亮金色的猎豹和蓝气球手表。

当别人提到巴宝莉，你或许联想到的是苏格兰格子衬衫和大围巾。

当别人提到香奈儿，你或许联想到的是黑白色系和菱形格纹皮料。

当别人提到梵克雅宝，你或许联想到的是四叶草造型的高档首饰。

当别人提到路易威登，你或许联想到的是老花图案和大量金色配件。

每一个大牌的背后，都有让消费者记忆的触发点，而这些大牌背后的企业每次都在这些点上进行不断强化和重复，去渗透和占领客户的心智，以实现增强客户对其品牌和产品的认知，并产生客户重复消费的结果。

另外，大家仔细研究后会发现，大牌的一些经典款式往往走的是简洁路线，没有特别花哨的图案或者烦琐的设计，因为产品要想被长期传承下来，就一定要耐看，不容易产生审美疲劳。

这里可以提出一个问题，当客户第一次接触你的时候，你如何让你的报价让他对你留有印象？如何让他感觉到你跟你的同行不一样？仅靠低价吗？那是远远不够的。那报一个超级高价呢？那样的话印象是留下了，但大概率是坏印象，客户会对你嗤之以鼻。

著名时装设计师王大仁（Alexander Wang）曾经说过，他最喜欢的品牌是拉夫劳伦（Ralph Lauren），因为这个品牌的衣服颜色简单干净，且很多款式属于经典传承，更重要的是，消费者只要看一眼他们的产品，往往就可以辨别出属于这个品牌。

在第四章第二节的内容里，我们专门针对美国大买家，做了十分完整、复杂的报价单，该报价单专业细腻，信息相当充分，非常适合大买家和专业级客户，可以跟大量欧美进口商的报价单同台竞技。那这种报价单是否适合所有的客户呢？当然不是。

对于大多数的中小客户或者一些特殊行业的客户，我们要加强的第一印象是"门面功夫的打造"，要让客户记得住你。好比如何让一个面试官在上百份简历里迅速对你留有好印象，留待后续的沟通，这绝对是个技术活。

在这里我提出一个观点，在给大买家的专业报价单的基础上还可以走另一个条捷径，就是做一份非常简洁的极简报价单，秉承"少即是多"（less is more）的原则，提供更多的留白，减少文字渲染，仅提供必要的要素，让报价单呈现出"大牌"的气场，也就是我们所说的大牌感。

这里可以用三个关键词来表述：

1. 颜色不多（一般选择耐看的经典色系）

2. 字体美观（不能混乱，字体一般三种以内）

3. 背景简洁（聚焦内容，不分散客户注意力）

一旦想明白这些问题，大牌感报价单的制作就呼之欲出，不是吗？

二、报价单的大牌格调

大牌的产品，往往不会出现多个记忆点，一件产品只会有一个亮点元素作为核心，否则就会喧宾夺主。

譬如很多客户对我们公司 PHILOTIMO 品牌的包豪斯系列杯碟套装非常感兴趣，因为是单款的组套，那我们在准备和制作报价单的时候，就要突出我们原创的设计和外观，而且以展示图片为目的，就不能把内容做得过于复杂。在这种情况下，做一个大牌格调的报价单（见图4-1），突出主图（产品）和副图（包装），然后提炼关键要素，在实际操作中的市场反馈非常不错。

图 4-1　极简报价单案例之 PHILOTIMO 包豪斯系列杯碟套装

是不是很有大牌感？这种文字和图片所组合而成的一页幻灯片，生成的pdf格式的报价单，应该能在第一时间抓住客户眼球吧？

这个报价单的图片是精心处理过的，字体也是经过精挑细选的，可满足如今的主流审美，其内容中文字部分并不多，做了充分的留白，版面干净整洁，相信符合大多数欧美客户的喜好。

所以大牌格调并不难做，无非就是要注意上面提到的四个要素：颜色、字体、背景，加上好的图片。

这就抵得上千言万语，给对方留有更多的思考和想象空间。

三、极简背后的 call-to-action[①] 动作

这个报价单的背后，还是渗透了一些 call-to-action 的思路。

第一，没有大张旗鼓地去填写各种信息，只是在图片上加上简单的描述，包括价格。若客户有任何疑问，都可以通过后续的谈判和互动来解决。而且这里留了不少悬念，包括相关的测试要求、安全标准、品质细节，都可以用 Mail Group 的手法，陆续推动。

第二，这里有一个小细节，就是我的联系方式也备注在了最下方，把邮箱和电话特地用蓝色标注会更加醒目，这也是以防万一，当客户需要紧急联系我时，就可以随时找到我的联系方式。平时这种一页的报价单，若客户想要打印出来给上司看或者跟同事讨论，也很方便，一键打印就只有一页而已。

第三，报价单故意以套装（set）为单位，通过图片客户能看出来，我们的套装，包含了两杯两碟，包含了咖啡壶，还包含了两个礼盒。在这种情况下，客户一定会好奇单独一套杯碟是什么价格，单独的壶又是什么价格，这样客户就有很大概率会专门来询问，这就创造了互动的机会。

---

① call-to-action：营销学上的表述，可以翻译成"唤起行动"，通过一系列设计好的细节去触发客户的下一步反馈，推动项目进展。

可以说这些细节背后都是经过我们的精心设计和谋划的。既要突出主要内容，又要在一些信息上留有悬念，来引导后续的谈判和彼此之间的互动。

如果说你给客户做的报价单是单一产品，又可以通过图文创造大牌感，不妨试试这种思路，做一份与众不同且赏心悦目的报价单吧。

第四节
特定场景下的总结式报价单

我们用七个要素改进常规报价单的缺陷，精益求精。

一、专业化报价单和极简报价单的缺陷

通过本章第一至第三节的内容，相信大家已经明确了专业化报价单和极简报价单的制作方式，以及它们背后的思维逻辑。

只是在某些特定场景下，用这两种方式，都不能很好地达到目的。

譬如，美国客户来我们公司做采购行程（buying trip），浩浩荡荡有十多人来访，包括买手（buyer）、采购经理（buying manager）、副总裁（VP）、品类经理（division manager）、产品开发经理（PD manager）、品控经理（QA manager）、设计师（designer）等，一起在会议室开会。

这时候，因为我们前期探讨和沟通的项目涉及 100 多个不同的产品，我们根据每款产品都做了非常详细的专业化报价单，客户可以轻易找到他们想要的信息，包括价格、包装、重量、装箱量、推算的到岸价格、美国的关税分摊到每一件产品的成本，等等。

但是当客户来访，总不能给每个人都打印 100 份报价单吧？这样谈判的效率太低，也会给客户们带来许多不便，翻阅和检索都很麻烦，很费时间。

在这种情况下，势必要做出调整和改动，最好把内容整合到一份文件里，方便客户核对、比较和总结。

二、总结式报价单的七个要素

总结式报价单，英文叫作 offer recap。这里 recap 的意思相当于"概述""总结"，所以在线下会议或者视频会议的时候，这份文件就显得十分重要了。

根据笔者多年在外企的经验，总结式报价单对于涉及多产品、多品类的项目，应用非常广泛，也方便客户公司内部买手和其上司之间的沟通。

所以在平时，我们给客户做一揽子报价的时候，需要一份份的专业报价单，或者极简报价单，这既是客户的需要，也是我们展示专业和优势所必需的。除此之外，再把内容进行整合，随附一份总结式报价单，起到总览和索引的作用，这样，是否大大方便了客户？

我真的建议外贸业务员们，一定要重视这个细节。这同样是软实力的展示，让客户感受到你的细腻，以及你和同行之间的差异化。

要注意，制作总结式报价单，我们只需要提炼几个关键要素就行，内容无须太复杂，因为大量的信息在原有的报价单里都有。

一般而言，我们做以下四块内容就已经足够：图片、品名、价格、补充。

> 第一，图片。
> 第二，品名。
> 第三，价格。
> 第四，补充。

以上四块内容基本满足了需要提示的信息，如表 4-3 所示。这里的图片（Photo）一列，只需要提供产品的主图就行，无须填充其他副图、场景图及细节图。

表 4-3 总结式报价单

Offer Recap For XXX Hardline Division-Q1/2023

PHILOTIMO

Photo	Item	FOB Price	Comments
...	PHILOTIMO coffee cups & Saucers set-Bauhaus	×××/set	2pcs cups+2pcs saucers+1 pot
...	PHILOTIMO sunshade pocket umbrella-Memphis	×××/pc	1 piece per acrylic box
...	...	...	...
...	...	...	...

完善好细节，学会换位思考，在合适的场景下选择和制作合适的报价单，方便客户和展示你的软实力，至关重要！

第五章
深入解构谈判

项目需要通过谈判推进，
分歧需要通过谈判处理，
订单需要通过谈判转化，
无谈判，不外贸……

第一节
厘清谈判步骤

跟客户谈判，首先要明确步骤，理清思路，明确要点和框架。让转化路径变得清晰。

一、谈判难？那是你没掌握方法

谈判难吗？相信不同的外贸人，会给出不同的答案。

外贸高手会跟你说：非常容易，客户无比信任我，我的谈判转化率相当高。只要进入谈判环节，这就是我的主场。

普通外贸人会抱怨：谈判太难了，客户经常不回复，邮件和报价总是石沉大海，我完全不知道客户想干吗，每次谈判就好比告别仪式，就好像客户准备好以后不再联系似的。

面对同样的客户，不同的业务员也能给出截然不同的答案。这不是同一个客户吗？为什么在 A 业务员面前他是"老狐狸"，而在 B 业务员面前他就变成"小绵羊"？

不是客户在变化，客户还是那个客户，而是业务员沟通和谈判的过程导致了不同的结果，仅此而已。

为什么同样的产品、同样的客户，换不同的业务员去谈，结果可能大相径庭？还是那句话，所有的生意都是靠人去做的，都是靠人去谈的，好的销

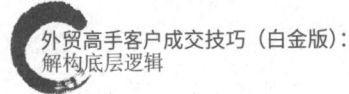

售员可以卖掉任何东西，因为任何产品都有不同的目标客户。

案例 5-1 转化六次推进无果的客户

十多年前，我们跟一家西班牙进口商打交道，这家公司在欧洲主要做促销品，给可口可乐、喜力啤酒、百威啤酒等大品牌商做赠品和礼品项目，例如打着喜力啤酒商标的烟灰缸，打着可口可乐商标的钓鱼凳，打着联合利华商标的手电筒等。

当我收到询盘时，项目需求是一万三千多把可口可乐的沙滩遮阳伞，总金额高达20万美元。我非常兴奋，暗暗下了决心：这个项目必须全力以赴地啃下来。

可欢喜劲儿还没过，就被老同事们泼了一盆冷水，说这个客户已经询价过很多次了，从来都没下过订单，样品也寄过整整六轮，对其已经投入了不少，但一直颗粒无收。他们认为这个客户没有采购意向，要么就是她根本拿不下订单，要么就是这个订单完全不存在，现在公司里都没人愿意理她，建议我别理会，不要浪费时间。

当时我心里有些诧异，同一个客户，做不同的项目反复六次，每个项目都进展到样品阶段而推动不下去，一定有其原因。我个人认为，我们的价格应该是可以接受的，否则在价格差距很大的情况下，客户完全没有必要看样品，那纯属浪费时间。这样来看，一定有一些我不知道的情况，在谈判的过程中被我们忽略了。

于是我决定继续跟进这次的沙滩伞项目，我找了两家浙江台州的供应商报价和提供样品，并且拿到了这两家工厂给沃尔玛（Wal-Mart）等美国大客户的出货样的图片，以及相关的测试报告和验厂资料，做成 Mail Group 发给客户。

此后这个项目推进很顺利，两次调整打样后，经过与客户和她上司的多次沟通后，我终于找到了问题所在，发现了客户的痛点，最终拿下了这个订单。

我在跟西班牙公司的采购主管 Nina 沟通后才知道，当初合作一直没有进展下去的原因是资料不齐全。客户需要测试报告，需要我们提供工厂给其他大买家的验厂报告，但我们公司迟迟没有提供，不是回复说没有，就是回复说那些资料是商业机密，于是他们根本无法下单，因为他们不确定我们是否能满足可口可乐的要求。

而这次我大大方方地提供了这些资料，尽管表示自己是贸易公司，报告是来自工厂的，我把敏感信息都打了马赛克，只有在客户下单后才会提供完整版的报告，对此客户表示理解，因为这符合国际惯例。

这个项目能最终拿下，其关键点是通过专业化的服务来推进谈判进程，找到客户之前不下单的原因所在。找到问题后再设法解决问题，成交的概率自然就大大提升。我们卖东西时，客户看中了，喜欢但是最终没买，通常要么是价格原因，要么是其他我们不知道的原因。

而在这个案例中，客户没有提起价格，也没有讨价还价，过去六次我们跟进无果，必然有业务员没有发现的深层原因，因此必须把这个原因找出来。

掌握谈判方法后，就会发现做业务没有那么难，是可以拆解步骤的，采用标准作业流程可以大大提升业务员转化订单的概率。

二、拆解步骤，研究转化路径

若是把上述案例进行拆解，我们可以把外贸谈判的步骤，分成五大模块，如图 5-1 所示。

1. 需求探讨（Demand）

我们要明确客户究竟要什么，而不是一味地推销自己的产品和服务，那将完全无效，因为对方根本听不进去，也无法有任何的代入感。

例如，客户需要买一辆小型车，而你是拖拉机的供应商，你反复强调自己的拖拉机的性能有多好，装载量有多大，有多节能，价格有多优惠，现在

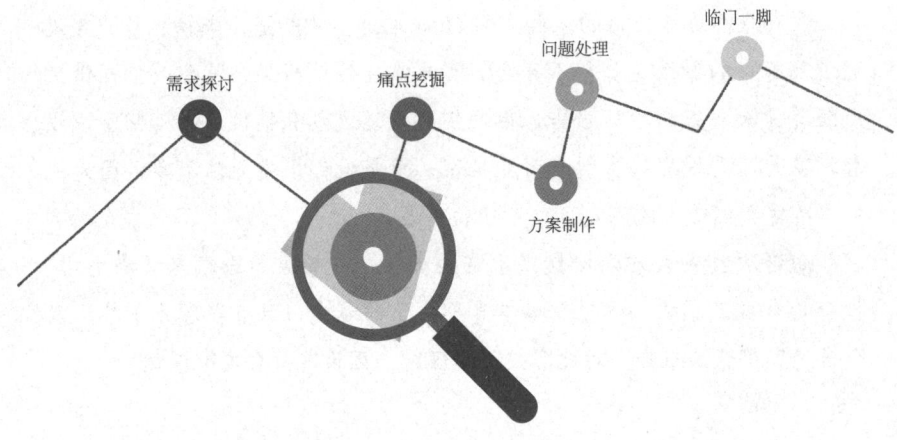

图 5-1 外贸谈判的五大模块

的收款方式有多便利,以及你们之前有多少成功案例,有多少客户好评……但这都是在做无用功,因为这跟客户的需求,并不匹配。

客户的需求是购买一辆小型车,这是显性需求,是你所掌握的信息。可如果深挖下去,客户的隐性需求是什么?也许她是要用这辆车接送孩子,要方便停车,所以车身小巧和方便停车才是她的隐性需求。

当你通过谈判获得了这些信息,经过综合分析后,你根本就不会推荐拖拉机这个方案,因为这跟客户需求完全不匹配。

又比如,你是售楼处的销售人员,每天要接待形形色色的客户。这里同样存在需求探讨的问题,你要在只言片语和简单沟通后,精准地把握客户的要求,客户究竟倾向买大户型作为改善,还是小户型作为刚需。客户究竟是在意楼层和景观,还是因资金紧张而更在意价格?

而很多问题,是不可能通过询问而获得答案的,因为对方未必愿意告诉你,也未必愿意透露真实的信息给你,我们需要用很多的引导性问题和开放性问题来打开局面。这就特别考验业务员的谈判能力,需要长期锤炼。

2. 痛点挖掘(Pain Spot)

什么是痛点?这里还是要先提出现代营销学的两个概念,一个是"痛点",

另一个是"痒点"。

> 痛点：必须立刻解决的问题，不解决不行，会出大问题。
> 痒点：让客户难受的问题，不解决也可以先拖着，不会影响大局。

痛点，必须立刻治疗，否则会损害健康。好比当你被金属划破了手臂，当然要消毒，要包扎伤口，还要打破伤风针以防止感染。

痒点，可以抓也可以不抓，忍一下也不会有什么大问题。好比你被蚊子叮了一下，你可以用手挠几下止痒，可以用风油精舒缓痒感，但也可以什么都不做，忍过去。

所以在外贸谈判中，解决客户的痛点是雪中送炭，当你真正打消对方的顾虑，找到问题的核心所在，往往可以推动项目的进展，进入成交阶段。而解决客户的痒点，只是锦上添花，会让对方觉得满意，觉得不错，但如果核心问题没有解决，这一切依然是空中楼阁，令项目无法进展下去。

客户不下单，你觉得价格是对方的痛点，于是不断降价，最终客户还是跑了。殊不知，他可能是对你们的品质没有信心，觉得你的同行的产品更好。在这里价格或许只是痒点，便宜一点当然更好，但现在的价格也在客户的预算内，这并非核心问题。

若你没找准痛点，随意做方案，一拍脑袋随意降价，这绝非正常的谈判策略，是无法转化订单的。

差之毫厘，谬以千里。

3. 方案制作（Planning）

找到痛点后，才能有针对性地做方案，解决客户的疑虑和担忧，并推动到谈判的下一个阶段。

客户的痛点是价格偏高，我们就要设法降低成本，削减不必要的费用支出，修改配件和材料，减少不必要的包装，等等，然后做方案并跟客户探讨。

客户的痛点是包装不结实，容易在物流中损坏内部的产品，那我们或许就要研究如何加固包装，从内盒到外箱，如何增加瓦楞，如何使用邮购盒，

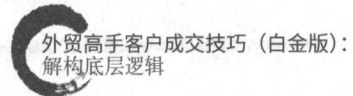

如何增加减震的珍珠棉，然后做方案并跟客户探讨。

客户的痛点是物流成本过高，分摊的单位成本他们难以负担，我们就要动脑筋，想想如何修改包装以减少产品体积，如何实现集装箱的最大装柜量，如何通过软件计算出最合适的装柜方式，从而跟客户进一步谈判。

总之，供客户选择的定制方案，都要建立在解决客户的痛点这个基础之上，只有真正打消客户的顾虑，谈判才有意义，方案才有价值。

4. 问题处理（Problem）

这里的问题，并不是指议题（issue），而是需要解决的问题或麻烦（problem）。譬如，若客户有要求，三十天内就要在美国收到货品，因为他四十天后就要将该货品上架销售，甚至他已经做了计划，定好了促销方案，广告全部都打出去了，但是这时候，你突然告诉客户，我们原先的估算有误，无法在三十天内交货。

原因是这次原材料的采购并不顺利，需要额外延期一周时间，原先预计十五天的生产周期可能要推迟到二十多天。再加上订单数量的临时增加，交货时间可能还需要后延一周会比较保险，否则担心品控上会出问题。

这时候怎么办？客户能接受吗？显然，这是令客户无法接受的！因为延期就意味着客户的销售方案要全部推翻，已经打出去的广告都要作废，要全面改动，这对客户公司造成的经济损失和信誉损失，是不可估量的。这个事情就属于问题或麻烦（problem），是需要处理和解决的，否则随时可能变成灾难（disaster）。

我方公司内部研究讨论后，决定或许可以考虑将部分货物先空运给客户，让客户有货可卖，使其原先的销售方案不会延期落地。剩下的货继续走海运，这样最终全部货品完成交货也就是延期两周左右。两周内，先到的部分空运的货品应该还没有卖完，后剩的货品正好可以衔接上（见图5-2）。

我们把这个方案提交给客户，经双方讨论后，认为可以落地执行，客户也可以接受，一颗巨大的"定时炸弹"就被随之拆除了。

所以处理问题的能力、应对危机的能力，对于业务员的综合谈判能力是至关重要的。

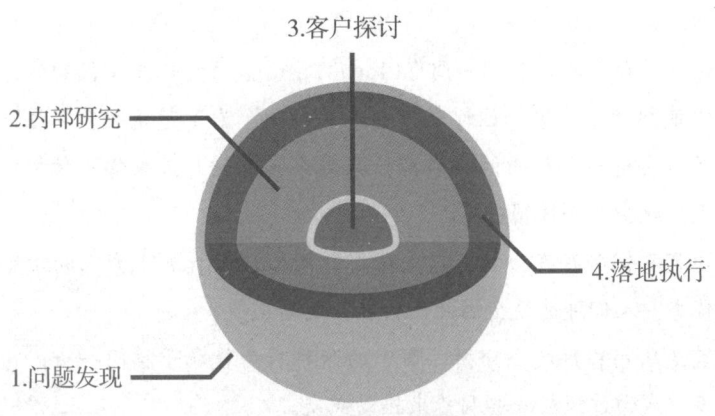

图 5-2　问题处理的标准作业流程

这是一个从外壳进入内核的过程。

5. 临门一脚（Final Push）

当我们把能谈的都谈了，能说的都说了，找到了客户的痛点，给出了解决方案，可客户就是迟迟不确认订单，无法实现转化，这时候怎么办呢？

这时候就要尝试使用最后一招，设法再做一次推动，踢好临门一脚，冲击一个转机的可能性。

案例 5-2　机票预订网站销售机票的"临门一脚"

设想一下，当我们在某个机票网站上定点查询某张机票，但迟迟不下单，大数据会如何判定？

也许你前天晚上查询了五天后从杭州飞往深圳的某个航班，昨天上午你再次查询了这个航班，昨天晚上依然做了同样的动作，而在今天中午你又查询了一遍。订票系统可能会判定，你很有下单意向，你有实际的需求，所以多次查询同一个航班的价格。但你迟迟没有下单和在线付款，这或许是因为你有其他的顾虑，这个顾虑很可能就是价格。

这时候你或许就会收到一张 20 元的优惠券，其有效期到今晚的二十四点。

这就是商家的"临门一脚"（Final Push），给你一张小额的优惠券是为了促使你做出决策，让你直接下单和付款。为了避免夜长梦多，那张优惠券就会有一个很短的有效期，只到今晚有效，如果你不付款，或许第二天你就会有一种损失感。

通常人们会存在一种"损失厌恶"的心理，再加上商家的确给了一点小优惠，人们可能就会因此而付款，实现成交。

若是从销售角度上分析，商家的这种行为就属于临门一脚，通过一点让步，或通过释放一些利益来推动成交。

在外贸谈判中，临门一脚，严格意义上属于一种"引诱"，然后可以进一步拆解成"引"和"诱"，即"引导"和"诱惑"两个部分，如图5-3所示。

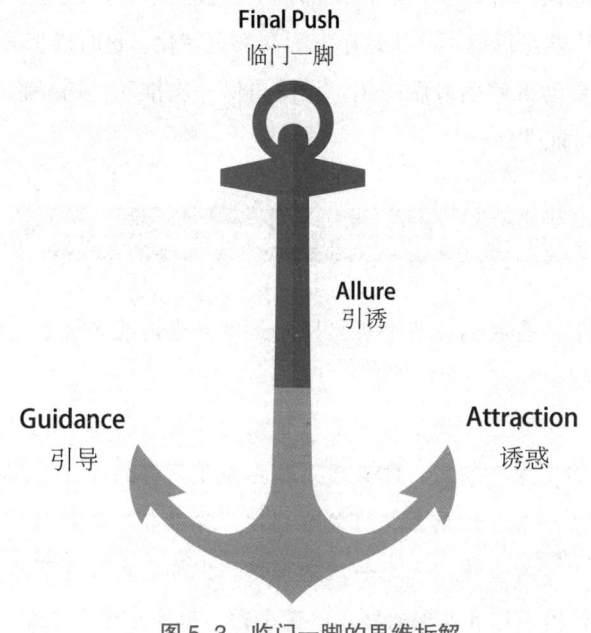

图5-3 临门一脚的思维拆解

谈判思维一旦明确，就可以在框架内落地执行了。

假设你是做微波炉餐盒的供应商，正在跟某德国客户接触和谈判，该做的方案都做了，该报的价格都报了，客户对于价格和样品无异议，但暂时没有进一步的消息，这时就可以尝试用"临门一脚"去推动。

譬如告诉客户，我们的产品高度匹配德国市场，已通过 BSCI 验厂[①]，有 LFGB[②] 测试报告，我们的产品品质和工厂环境完全没问题，这就是"引导"。

譬如进一步跟客户说，如果您今天能确认和回签这份 PI[③] 的话，我们可以考虑把预付款降低到 20%，MOQ[④] 也可以适当调整，这就是"诱惑"。

三、沉得住气，耐得住寂寞

我们跟客户合作，很多时候是需要一些缘分的。即便你已经做得相当好，一切尽善尽美：产品不错，价格很棒，业务能力过硬，工作效率很高，服务意识超强，拥有一切客户想要的东西，但依然没有像样的订单合作，何解？

或许没有那么多原因，只是还没到收获的时候，大家还是有缘无分，还没找到合适的合作机会，仅此而已。

那什么时候能有结果？可能几个星期，可能几个月，也可能需要几年，这一切都是未知的。

我们常说，尽人事，听天命。这不是彻底"躺平"的意思，而是先做好我们该做的，再等待一个结果的产生，等待收获的时候。

对于外贸人，尤其是入行不久的新人，不仅要学习各种技能，让自己变

---

① BSCI 验厂：是 Business Social Compliance Initiative 的缩写，即倡议商界遵守社会责任组织对 BSCI 组织成员的全球供应商进行的社会责任审核。

② LFGB：即《德国新食品和饮食用品法》的缩写，在德国市场，任何的食品和与食品接触的物品，都需要通过 LFGB 规定的相关测试。

③ PI：即 Proforma Invoice 的缩写，表示"形式发票"。

④ MOQ：即 Minimum Order Quantity 的缩写，表示"订单的最小起订量"。

得专业，还要在心态上反复调整，做好心理建设，能够应对和承受各种压力。

比如给客户报价和打样前前后后折腾了三个月却颗粒无收，这很正常。

一个项目好不容易达到客户的目标价，对方居然停止谈判，这很常见。

付款方式怎么都谈不拢，最后我方让步，客户却消失了，我们只能面对现实。

客户答应下单，可最后订单被同行以低价抢走，我们再无奈、再郁闷都需要接受现实。

无论什么困难都有可能出现，无论什么意外都有可能碰上。每次当新人问我什么时候出单比较正常的时候，我真的回答不上来，因为每个项目的情况不同，每个客户的情况也不同，既没有代表性，也没有可比性。

当谈判陷入僵局的时候，当一切进展顺利但无下文的时候，一定要沉得住气，要耐得住寂寞。要相信自己，所有的付出和投入，做的都是长期价值，哪怕暂时没有收获，也会在未来的某一刻给你带来回报。

第二节
与新开发客户的初次谈判

初次谈判是重中之重,在彼此缺乏信任的前提下,任何一些小问题都有可能让你出局。

一、传统方式的弊端

事实上,与新开发客户的初次谈判非常关键。因为在这之前彼此之间不认识,没有充分的认知和信任感,任何一点小问题或者信息不对称带来的误会,都有可能让宝贵的机会付诸东流。

这么多年以来,传统的接触新客户的手法,无非就是询问客户的需求,然后通过再次沟通得到进一步信息,接着就是报价和其他细节的谈判。

这种传统方式没有错,这么多年来它都是外贸业务员跟客户打交道的执行思路。但可惜的是,很多年前行之有效的手法,经过那么多年的充分竞争,已经很难继续执行下去了。

在分析这种手法的弊端之前,我们先来看一个案例。

> 案例 5-3 努力工作却被误解,是什么感受?

今晚十点,你收到了一个新开发的美国客户的邮件回复。他发了图

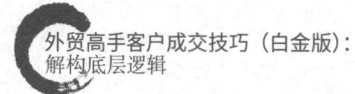

片和相应的资料，希望得到一款机械设备的报价。

尽管你们的主业就是机械设备的出口，可这个行业过于复杂，涉及很多参数，涉及各种相关配件和上游供应商的配合。虽然客户提供了资料，但很多细节你也看不懂，你毕竟是业务员而不是技术员，那怎么办呢？

你只能等到明天上班跟老板和同事讨论，向技术人员请教，看看这个项目究竟该如何报价，参数上有没有问题，你们公司能否提供此类产品。

但可惜的是，第二天老板出差了。于是你直接找技术部门的同事，被告知大家最近都很忙，在攻关几个大项目，暂时没空给你核算成本和报价。他们答应一忙完手头的事情就尽快处理你的项目。

然而一拖再拖，你催了好多次，直到老板周末回到公司的时候，你依然没催出个结果。半个月以后，你才好不容易拿到报价和方案。于是你马上着手做报价单，发给客户，可惜这个项目已经没了下文，石沉大海。

也许你觉得很冤枉，你尽力了，一收到询价立刻就开始工作，开始沟通和协调，但是同事不给力，老板又出差，你觉得很冤枉，也很郁闷，如果你自己能报价，怎么会拖了半个月呢？肯定会在第一时间做好详细的报价单，发给客户。可现实是很多技术上的东西你不懂，只能依靠团队，一旦被掣肘就很无奈。

客户呢？客户也好过分，明明发了询价，难道不能耐心地多等几天吗？为什么不理会你的努力？为什么要消失？

原因很简单，这就是普通业务员的处理手法和思维方式。因为大多数人采用的都是这样的工作流程，你如何脱颖而出，如何跟别人不同呢？客户不认识你，对你完全不了解、不熟悉，没有对你另眼相看的理由，也没有给你留出更多时间的理由。

如果你要从多数派走到少数派，你想比别人做得更好，那你的工作就一定不能随波逐流，而是要比大多数人多做一点，多走一小步，把工作做得更加精细。

传统的谈判流程、思维方式，是无法帮助你脱颖而出的。因为这是同质化竞争，缺少特点和亮点。客户未必会给你机会，也未必愿意等待一个未知的结果。

二、需要思考的三个问题

很简单的处理手法，就这个案例我们一定要以少数派的思维方式去衡量，优秀的业务员在这个阶段应该如何去谈判？如何让客户对你有信心？如何让客户给你一定的时间去处理？

一旦想明白这个问题，分析了客户的需求后，在具体执行谈判的过程中，你或许可以思考以下三个问题。

第一，如何让客户信赖你？

第二，如何让客户对你有不错的第一印象？

第三，如何保持跟客户的联系？

谈判要围绕以上三个问题，解决了这三个问题，才能持有这个机会，才有让客户可能愿意等待你的结果。

一上来你就拼命做事，你干得热火朝天，但是客户不知道。客户只会看到他发了询盘给你，但是好多天没有下文，他心里没底，不知道你会不会给他报价，不知道你什么时候会报价，也不知道你有没有兴趣报价。

既然如此，他出于安全角度考虑，是不会把鸡蛋放在一个篮子里的，必然会选择多家供应商进行比较，以确保项目及时且安全地落地。如果别家的效率高或者刚巧有这款产品，他们的老板又很重视，直接参与跟进，再加上业务员的高效率，那么就肯定能迅速推进谈判进程，进入到下一个环节。

因此，如何让谈判落地，如何争取机会和推动进展，要从上述三个问题入手。

三、迅速推动谈判进程

说说我的思路，假设我碰到这样的情况，我会带着上述三个问题，去拆解具体的情况。用图来表示可能更加直观，大家请看图5-4。

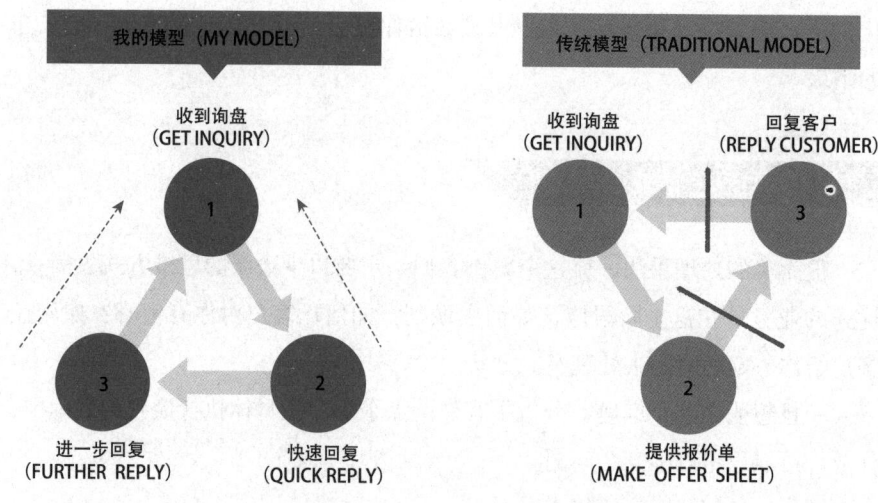

图 5-4 我的谈判模型和传统谈判模型

从图 5-4 中可以看到，图的右边是传统模型（Traditional Model），表示大多数人的谈判处理方式。比如第一步，收到询盘（Get Inquiry），我们就会开始内部工作，进入到第二步，做报价单（Make Offer Sheet），再进入第三步，回复客户（Reply Customer）。

这样做本来没什么问题，可一旦碰到类似于案例 5-3 的情况，比如同事不给力，比如老板刚巧出差，你连价格都核算不出来，在这个环节就碰到了一堵墙。

而这是连贯性的，如果这一步无法完成，下一步自然无法进展下去，回复客户变得无从谈起。所以第二个环节卡住后，第三个环节自然也会卡住。

这样一来，客户左等右等无消息，而你的同行早就给出了准确的报价单，已经跟客户进行了多个回合的沟通，甚至已经谈到了合同细节，等你半个月后完成了第二步时再去联系客户，机会早已错过。

而左边的我的模型，我采用的顺序就不一样。第一步是，收到客户询盘（Get Inquiry），这里没有差别，差别在于第二步和第三步。

第二步，我先做一个快速回复（Quick Reply），给客户一个信号，询盘已经收到，我这边会立刻开始工作，大约什么时候可以回复你。这样的邮件其实很容易写，不需要推迟到一段时间之后去做，当时就可以完成。

然后是第三步，比如同事不给力，几天都没有进展，一方面我要加强内部沟通，去推动技术部门核算细节；另一方面还要从老板这里下功夫，以得到他的支持。与此同时跟客户继续保持沟通，做进一步回复（Further Reply），让客户知道目前进展如何，还有哪些内容以及会在什么时间给到他。

所以图 5-4 中的那两条虚线，就是两次的谈判内容，给对方信号，让对方知道我们一直在做事，我们在进展中。这样，我们跟客户的信息交互就在同一个层面，不会出现不对称的情况。

我们可以看一下，这两封邮件该怎么写。

我相信，可以做成标准作业流程，优化谈判细节，在面对客户的时候，只要无法在第一时间准确回复，都能采用这个谈判思路，简洁、专业、高效，并且容易给对方一个信号，表示邮件收到，我们正在展开工作（Working On It）。

图 5-5 就是一个标准化的快速回复（Quick Reply）的邮件案例，其实总结出来就是两句话。第一句，感谢你的询价。第二句，我会跟我们的技术团队确认，尽快给你答复。

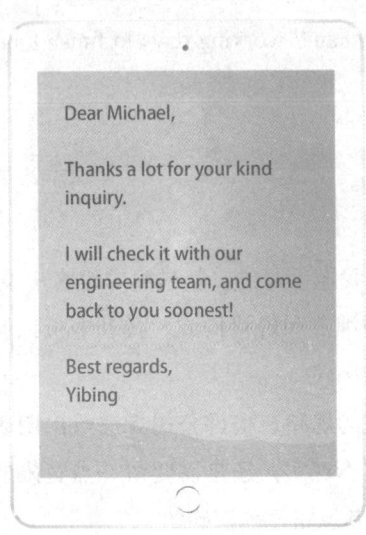

图 5-5　快速回复的标准邮件写法

客户就会明白，哦，供应商收到我的邮件了，很好，那就先等消息吧。这样一来，虽然他或许还是会货比三家，但不至于心里没底，此后他或许就会主动联系你，询问进展。

接下来，如案例5-3中说的，如果团队不给力呢？价格和资料迟迟出不来，没有更多信息和进展，一连几天都没有下文，而我们是无法不管不顾，晾着客户的。一个基础的快速跟进后，十天半个月没消息，同样会失去机会，也会让客户失去耐心。

所以这时候的谈判策略，就是第二次跟进，做一个进一步回复（Further Reply），邮件或许可以这样写：

案例5-4 进一步回复的邮件

Hi Michael,

Sorry for replying so late.

We're still working on the details & breakdown for the pricing. I'm in close contact with my boss and engineering team.

And I need more than 7 working days to finish them and reply you then. Is it workable?

Kind regards,

Yibing

当然，这个邮件是我随手写的。就是简单跟客户说抱歉，回复你有点迟，我们目前还在确认一些细节和价格构成。我和老板以及技术团队，在保持密切的沟通。

这就是进一步跟进的思路，也许公司无法给出明确时间，但业务员不能不给客户任何消息，这不现实，还是需要留一点宽限的时间，然后给客户大致的时间计划，这个谈判思路才是正确的。

我这里写的是more than 7 working days（七个工作日以上）。如果说，最终我四五天就搞定了，客户会觉得满意，认为我效率不错。如果说，我真的需要七天以上，他也不会觉得过于惊讶。而最后拖一个尾巴，问客户是否可行？是为了试探这个项目真正的 deadline，也就是截止日期。

如果客户很着急，一收到这个邮件，马上就回复说不行，来不及，他下周三要跟他的客户开会。那好，我就掌握了一个宝贵的信息——客户的时间表，需要下周三之前拿到方案和报价。那我回头就可以催老板，催技术部门，我方心里也有了大致的时间预期。如果客户说可以，那我就明白了，这个项目不是十万火急的，那我就可以把工作做得更加细致。

大家可以发现，一个简单的案例，做具体拆解后，其背后的谈判思路，竟然可以如此复杂。外贸谈判，最重要的是思路，要有清晰的主线，把谈判流程理顺。当碰到问题的时候，要知道如何进行技巧性引导和谈判，知道如何一步步去执行落地。

谈判的每一个步骤，都是精细化的布局，其中充满了学问。

第三节
解析价格谈判的奥秘

价格不是谈判的唯一要素，但一定是核心要素之一。做好需求探讨，研究客户痛点，让价格谈判变得到位。

一、价格——谈判的重中之重

外贸行业的业内人士都知道，谈价格是谁都绕不开的环节。跟供应商需要谈价格，跟客户需要谈价格，跟货代、快递公司、建站公司等服务商，同样需要谈价格。

总之，价格在外贸操作环节中是无法回避的，尤其是跟客户之间的价格谈判，往往能最终决定订单的归属，变得尤为重要。

因为彼此之间文化背景的差异、信息的不对称，以及如今大多数行业买卖双方地位的不平等，使得很多外贸业务员最怕跟客户讨论价格问题，生怕"见光死"。同时面对客户的砍价无所适从，不知道如何谈判，不懂也不会谈，最终不是把订单做亏，就是维持纸片般的利润。

尤其对于新接触或初次询价的客户，双方并没有过实质性的接触，也缺乏过往的订单作为铺垫，客户对供应商的选择会更加谨慎，一旦发现有问题，客户会立刻终止谈判，转而与老供应商接触，或选择其他新供应商。这其中的"问题"的核心，就是价格谈判！

客户为什么联系你询价？想买东西。买东西之前要干什么？了解价格。这个几乎就是外贸行业的惯例。

如今早已不是产品稀缺的时代，那时你有东西就能轻易卖掉，甚至卖个好价钱，卖方说了算，其有充分的选择权。而如今产能过剩，大部分行业都存在着充分的竞争，甚至是"内卷"。

在本书前面的章节里，已经分析了开发信的写法，以及如何主动接触和开发客户。可当你成功接触到目标客户后，下一步该做什么？除了探讨产品和项目，展示优势和自身特点外，下一个步骤的核心就是报价，就是一轮一轮的价格谈判，这是无法回避的问题。

好比你去买衣服，你会不会完全不还价？我相信大多数人，至少会询问价格，并且询问折扣和促销活动情况。其实不管商家有没有给予优惠和让步，你已经完成了"询价"和"价格谈判"的步骤。如以下案例：

案例 5-5 服装店的价格谈判

客户：这件卫衣多少钱？（初次询价）

商家：980 元。（初次报价）

客户：太贵了，便宜点吧。（第一次砍价）

商家：我这个价格很实在的，我们的新款卫衣的价格最多打九五折。（第一次让步）

客户：还是有点贵，九五折跟没打折没太大差别。（第二次砍价）

商家：按照九折好不好？我给你员工折扣。（第二次让步）

客户：这样啊，那我试穿一下吧。（确认样品）

客户试穿后……

客户：还行，就是肩膀这里好像不是很舒服。（没放弃产品，说明想降价）

商家：我们的设计比较独特，整片立体剪裁，可能需要您适应一下。（想成交）

客户：还是算了吧，价格也太贵了，我再看看吧。（回到价格问题，

占据主动）

商家：这样吧，我找店长申请，给你八五折。（第三次降价）

客户准备离开，往门口走去……

客户：我再去别家逛逛吧，如果没有合适的我再过来。（以退为进的谈判策略）

商家：这样吧，你说个你能接受的价格，我马上打电话问店长，能卖就卖，不能卖我也没办法。（询问目标价）

客户：六折我觉得差不多。（抛出目标价）

商家给店长打电话请示……

商家：不好意思，我们店长同意给您打七折，686元，抹掉零头，680元是最低价了。（临门一脚，最后尝试推动订单转化）

客户：好吧，给我包起来吧。（接受价格，订单成交）

大家看，这个例子和外贸谈判何其相似？无非就是讨价还价，确认样品，抛出目标价，再次谈判，临门一脚推动转化，找到成交点。

所以在大多数情况下，价格是影响订单和成交的一个重要因素，也是无法回避的因素。

二、破解价格的奥秘

那究竟什么是价格呢？我们应该如何报价？计算出成本，然后加上一些利润？

从政治经济学的角度来看，价格是价值的货币体现，同时价格的波动是由供求关系引起的。换言之，价格由两个因素决定，一个是价值，一个是供求关系。

课本上或许会这样教你，其内容也没错，但实际的商业情况要复杂许多。

比如一个拱形花架，你是生产商，你给美国客户报价五美元，你给香港贸易商的报价也是五美元。你精确计算过成本，如果按照五美元报价，你的毛利率大约是15%。

可最后你拿下香港贸易商的订单后，你或许会惊奇地发现，最终客户居然就是那个向你询价的美国客户。

这里的问题点在于，香港贸易商向你询价，再报价给美国客户，价格一定高于五美元，因为香港贸易商在报价时需要加上他们的利润。而你直接给同一个美国客户报价，也是五美元。为什么美国客户没有直接下单给你，而是以更高的价格将订单下给了中间商？

想明白这个问题后，或许就能破解价格的奥秘，就能理解基础的公式，在实际操作中基础的公式有一定的缺陷，不能完全解释这种现象。

所以我修改了公式，添加了模块，变成了下面这个公式：

价格 = 成本 + 利润 + 附加值（溢价）

价格的决定因素有三个，分别是成本、利润、附加值。还有一个影响因素，就是很难量化的供求关系，或者说是市场的变化。

供求关系是外部条件，我们很难去影响和控制，那我们能做的，就是在三个决定因素中下功夫。而大量的外贸人都忽略了附加值的关系，只会降低成本，只会降低利润，他们觉得外贸越来越难做，订单越来越难接，钱越来越难赚，而客户的要求越来越复杂，条件越来越苛刻……

原因何在？因为他们都在成本和利润这两块"最硬"的地方设法削减，而这两块的天花板太低，可以调整的地方并不多。譬如拱形花架，需用到的材料和人工成本，每个供应商都差不多，供应商之间的差距不会太大。即便你的管理水平特别高，管理成本能比同行节约3%，那也只是3%而已，很难有特别大的变化。而真正的价格差距在于附加值，这包含了很多软实力的东西，比如服务、设计、专利、品牌、效率、专业度，等等。

为什么同样一条皮带，有人卖50元，有人卖2000元？后者的成本可能真的高于前者不少，但未必有四十倍那么多，更多的还是附加值带来的价格差异，仅此而已。

此外，西方经济学中的供求理论，也很难适应如今复杂的社会分工。我们已经进入产业链条时代，简单的供求理论已经不能完全解释和影响价格变化，价格背后牵扯的因素越来越多，定价权背后是供应链的争夺，是附加值的竞争。附加值的收益远大于成本和常规利润，这会成为未来的常态。

三、外贸中的报价博弈

跟客户谈判价格，不免会揣测对方的心理，试探其能够接受的价位，一步步抛出要求和进行让步。聪明和有经验的谈判高手是不会开门见山，直接打"明牌"的。

我们中国人是博弈论的祖师爷，在古代，博弈指的是下棋。《论语》中有记载："饱食终日，无所用心，难矣哉！不有博弈者乎？为之，犹贤乎矣。"朱熹注："博，局戏；弈，围棋也。"从古至今就有了一套完备的理论体系。

到了现代，博弈论得到了长足的发展，其广泛应用于经济学、管理学、心理学、数学、社会学等，英文叫作 Game Playing。目前的定义是在多决策主体之间具有相互作用时，各主题根据所掌握的信息和对自身能力的认知，做出有利于自己决策的一种行为。

请注意，这里提到了两点，一个是所掌握的信息，另一个是对自身能力的认知。所以，在外贸价格谈判中，当多个供应商和客户谈判以争取订单的时候，相互之间自然会产生博弈，会根据自身情况做出适合自己的方案。可问题是，大多数人都不知道竞争对手的底牌，为了争取订单，难免会在价格上拼杀，以获得优势。

大部分的价格战都是这么来的，不是客户在砍价，而是同行之间在相互砍价，结果最终拿下订单的一方很可能是"杀人一千，自损八百"，订单从一块肉变成了半根骨头，不吃舍不得，吃又吃不饱，深陷左右为难的境地。

西方经济学中有一个很著名的囚徒困境（Prisoner's Dilemma）理论，是博弈论的经典案例。

案例 5-5 囚徒困境

1950年，就职于美国兰德公司的梅里尔·弗勒德（Merrill Flood）和梅尔文·德雷希尔（Melvin Dresher）拟定出与困境相关的理论，后来由顾问艾伯特·塔克（Albert Tucker）以囚徒方式阐述，并正式命名为"囚徒困境"，经典的囚徒困境如下。

警方逮捕甲、乙两名嫌疑犯，但他们没有足够的证据指控二人有罪。于是警方分开监禁这两名嫌疑犯，他们分别和两人见面，并分别给嫌疑犯提供以下相同的选择。

- 若一人认罪并做证检举对方，而对方保持沉默，此人将即时获释，沉默者将判监禁十年。
- 若两人都保持沉默，两人将分别被判监禁一年。
- 若两人都互相检举，则两人将分别被判监禁八年。

很显然，两个嫌疑犯都知道，最好的选择就是彼此都保持沉默，因为警方证据不足，在缺少人证和口供的情况下，最多只能关他们一年，这是最优策略。但问题在于，两个人是被分开囚禁的，每个人都不知道对方的选择，也不知道对方会不会出卖自己。

在这种情况下，因为信息不对称，也因为不信任对方，出于理性选择的考虑，出卖对方远比沉默合作的风险更小。

因为两人都会这样思考：只要我出卖对方，如果他选择沉默，我就可以直接获释；如果他也检举我，那我们都被判监禁八年，也公平。可如果我沉默，他检举我，那他能获释，我一个人却要坐整整十年牢！

所以，这场博弈最终的平衡就是双方都背叛对方，彼此相互检举，结果都被判监禁八年。

看到这里，你可能会感觉到人性的自私和黑暗，以及对于别人的不信任。可商场如战场，本来就是残酷的，虽然商场需要诚信，需要道德，可只要是存在竞争的地方、有利益的地方，就必然有博弈存在。

在贸易谈判中，会如何出现这种谈判状况呢？我们可以简单做一下兵棋推演。

案例 5-6 外贸谈判中的报价博弈

一个美国大客户要采购 60 万件白色男士衬衫，要求 45 天交货，目前有 A、B、C 三家大公司在竞争这个项目。假设这三家公司的成本价都是 5 美元，管理成本为 20%，常规利润为 20%，三家公司 45 天的产能都可以完成 20 万件衬衫。也就是说，在正常情况下，三家公司的报价都是 7 美元。

这种情况是一个典型的多方博弈，通过要求可以看出，最优策略一定是三家合作，同时报价 7 美元拿下订单，然后每人分到总利润的三分之一，这样既能维持价格，还可以成功拿下订单，谁都能挣到自己的那一份。

可事实上可行吗？大概率这是办不到的，因为这就是另外一个场景下的"囚徒困境"模型。

跟真正的囚徒困境不同，这三家公司的老板还可以坐下来谈谈，组成价格联盟，以扛住 7 美元的单价。只要没有人过于贪心，想独吞这个大项目，那么他们彼此之间可以一起获利，都能得到 20% 的利润，并且能保证交货期，控制好产品的品质。若三家能达成协议都不降价，稳定现状，坚持价格，那么无论谁拿下 60 万件的订单，三家一起做，每人做 20 万件，将皆大欢喜，三人一起挣美国客户的钱。

可结果往往没有那么美好。A 公司老板回去后想，如果我坚持 7 美元的报价，那两家要是偷偷降点价，客户就被他们抢走了。他们虽然少挣一点，但我可能就彻底出局了，失去订单，失去客户，失去利润。那如果我偷偷给客户降价，我可能一个人拿下整个订单，到时候订单在我手中，我可以再找他们合作，可以让他们降价，也可以外发其他价格更便宜的工厂代工。

而 B 公司和 C 公司老板回去后，自然也有类似的想法。结果或许就变成了，三家公司私下都在接触客户，最终的结果或许变成了下面这个样子。

A 公司老板晚上回去后，就给客户报价了，把利润降下来，报 6.5 美元；B 公司老板也给客户报价，报了 6.7 美元；至于 C 公司老板，更是铁了心要出卖 A 和 B，一个人独吞订单，直接降到 6.3 美元的低价。

美国客户这时候就开心了，三家有价格梯度，那就有了谈判和回旋的余地。客户或许跟 A 谈:"兄弟,你太不够意思了,我把你当朋友,可你看,C 公司老板给我报了 6.3 美元,你居然要 6.5 美元?我实在伤心啊。"A 公司老板一看,心里会大骂 C 公司老板不够意思,连利润都不要了,价格报得这么低,于是 A 公司老板不管三七二十一,先承诺美国客户,我方可以做到 6.28 美元的价格,请客户确认订单吧。

客户又找了 B 公司老板,告知 A 和 C 公司的报价都是低于 6.3 美元的,你的 6.7 美元的报价是三家中最高的一个,太荒唐了!于是 B 公司把心一横,给出了 6.25 美元的报价。

接着,客户再去找 C 公司:"你的 6.3 美元的报价,本来还可以,但是很遗憾,我拿到的 A 和 B 两家公司的报价都比你低,我给你看邮件,他们一个是 6.28 美元,一个是 6.25 美元,证明我没有骗你。你说吧,我应该下单给谁?"C 公司只能答应再降一点,直接给出了 6.2 美元的价格。

这时候客户或许会说:"不!我把你当朋友的,希望能跟 C 公司开展全面合作,除了这个项目,我还有很多订单在手上,希望可以有更多的深入合作,我的目标价是 6 美元。"而 6 美元已经是 C 公司的成本价了!可为了拿下订单,C 公司老板或许会决定先答应下来,回去后再想方设法节约成本,砍配件和辅料供应商的价格,把管理成本再压一压,再把订单分流到更廉价的代工厂,还是能挤出一些利润,拿下订单最重要!

这样一来,表面上 C 公司的利润接近于零,即便后期各种挤压和压缩,勉强把利润维持到了 3%,或许这就是最终结果,惨烈的结果。

从这个案例可以看出,很多时候明明大家面前有更好的方案,但因处于博弈过程中,往往将结果推到了相对坏的一方。

所以我列举报价博弈的案例,不是希望大家用压价或者恶意竞争的方式来抢单,而是希望大家在懂得和理解博弈论的基础上,学会如何跳出"囚徒困境",以求在谈判和竞争中寻求新的突破口和增长点。这才是大家要动脑筋的地方。

这时候就要运用附加值的方式,努力体现和发挥自己的长处,做差异化,弥补短板,增加长板,转移客户的注意力,提高专业度和服务水平,让客户信赖和依赖，这才是另一条路。

再回到刚才的案例，如果A公司和B公司都在降价，而C公司坚持原价，但体现自己的差异化，比如把售后服务外包给美国的一个第三方公司，提供免费的二十四小时电话服务，不管是换货还是退货，一旦衬衫有问题购买者可以随时致电。

或者C公司在美国注册了自己的商标，一旦衬衫有问题便承担所有责任，不会让美国客户的公司和品牌形象受损，能把风险转移给供应商。又或者C公司的衬衫和A、B两家公司的品质略有不同，其使用的面料是新疆长绒棉，肉眼虽然看不出，但是该面料手感更佳，亲肤性更好，还配有相关的原料采购证明……

这些都可以作为差异化来弥补价格的短板，然后把价格谈判放到最后，适当用降价作为临门一脚来推动订单，或许C公司就能略高于A公司和B公司的价格，拿下订单了。

四、报价背后的价值权衡

其实谈判是一场心理战，业务员不仅要给出专业意见，还需要沉得住气。客户可能没有回音，可能会直接拒绝，也可能提出一些修正意见。但不管怎样，在谈判过程中大家都要沉着冷静，不要轻易被情绪影响，也不能在不了解竞争者的前提下，轻易猜测或者恶意揣测，要站在客户的立场上量身定制最合适的方案。

在谈判中，要少问"我们该怎么做？"或者"您要我们怎么做？"，而要多用肯定句或祈使句，体现自身的专业性，给予良好建议。报价，应全部都是基于专业化的方案基础上的价格体现。诸如，"根据我们的经验，有以下几种方案配置供您选择，您可以看一下每一种所对应的价格"。

另外，我个人认为，在谈判之初，贸然询问目标价并不合适。因为你不知道客户的底牌，不知道他的底线和原先的采购价，甚至不知道他的销售计划、目标市场的定价策略以及其他各种成本。这样一来，如果贸然询问目标价，吃亏的往往是业务员自己。

假设我是买手，我需要采购一把促销用的办公椅，原先的采购价是17美元。现在我又找了几家供应商报价，其中有一家报价16美元，我觉得不错，他家办公椅的品质和价格都很好，我就会跟他们进一步谈判，但只会表示自己的兴趣和采购欲望，并不会透露我的底牌。

供应商往往沉不住气，希望拿下订单，就会主动降价，也许在这时价格已经变成了15美元。但是我依然不为所动，不接受也不拒绝，顾左右而言他，或者有意无意地表示该产品上个月的采购价是14美元，目前的15美元几乎没有下单的可能。此时供应商要是直接问目标价，我就会抛出一个低价，比如13美元。

这时如果他答应了，我就成功砍下了五分之一以上的价格，结果非常好。如果他不答应，大不了再讨价还价一番，对方也因为目标价这个参照物，被迫给出了他们能做的最低价，这个最低价可能处于14到15美元之间，但还是比原先的采购价低了十分之一以上。

下一轮订单，再如此炮制，即便再多家供应商同时比较和拼杀，也能把采购价格杀到更好的价位。

所以，业务员轻易询问目标价并不可取，而是要就事论事，正常谈判，正常做需求探讨，找客户痛点，给客户做专业方案，一步步推进，才是合理的。目标价往往都是在谈判陷入最后的僵局时，用作临门一脚的推动，纯属为了应急。

第四节
影响谈判结果的五大要素

影响谈判结果的原因千千万万，但这里面可以总结出不少共性，譬如以下这五大要素，是你平时关注的吗？

一、报价前的准备

有句话叫"台上一分钟，台下十年功"。准备工作非常重要，业务员不仅对产品要做好准备，对客户、对整个行业、对竞争对手的调查和研究，同样要做好充分准备。

当你收到一个客户的询价，首先要做的就是认认真真研究对方的询价要求，了解客户的具体兴趣所在，推测他们的真正需求，你才能有的放矢，有针对性地给客户准确报价。每个客户的询价都不同，回复的邮件也都是不一样的。如果你使用模板，只提供千篇一律的回复，"捕到鱼"的可能性自然很低。

在外贸行业中，外部的行情是不断变化的，业务员必须在了解产品、行业和相关市场的情况下，给予合理的报价。这个合理，是你评估对方的市场和预期订单量、分析客户的潜力后所给出的合适方案。

例如，广东某家贸易公司的业务员，其所在公司专门出口户外家具。今天他收到一份询价单，是一个美国进口商要订购三万把沙滩椅。这时候他的第一反应，应该是要进一步了解以下十个方面的问题。

第一，客户是不是专业做户外家具的？

第二，客户原先采购什么产品？

第三，这款沙滩椅在美国一般卖什么价格？

第四，其他美国客户平时的采购价大致为多少？

第五，同行可能会报什么样的价格？

第六，有哪些可能影响价格的细节问题要注意？

第七，什么样的包装适合美国市场？

第八，我们的供应商的价格是否有竞争力？

第九，能否通过海关数据查询，以了解客户的采购情况？

第十，从互联网上还能找到客户公司的多少信息？

如果你收到客户询价，首先想到的就是以上这一系列的问题，而且能通过搜索和一些工具，查询到大致情况，并对不懂的东西能主动去寻找答案，那么恭喜你，你已经是一个专业而出色的外贸人了。

当你做好相关的调研工作，查询和比较了各种数据资料，你或许能得到一个大致的结论，也就有了相对清晰的客户画像。

（1）客户是美国进口商，其主要市场在美国东北部的两个州。

（2）三万把沙滩椅的量不算小，但以美国的市场潜力来看完全正常。

（3）他们公司不是专业做户外家具的，其网站上的产品很杂，应该是杂货商。

（4）他们以前有没有采购过沙滩椅不好说，其网站上没有沙滩椅，海关数据显示的也是其他产品。

（5）至于包装，美国客户一般都喜欢涤纶布的背包袋。

（6）我们现有的供应商在浙江，其在同行当中，价格属于中等偏下。

把这些信息总结完后，报价前的准备工作基本就做得差不多了，接下来你就可以根据总结出来的信息，给客户做有针对性的方案了。

这里还要特别补充一点，如果很多客户的询价有问题，有虚张声势（Bluffing）的成分在，我们通过前期的分析，往往还是能捕捉到一些信息的，在向客户报价的时候就要特别留意。

譬如同样的沙滩椅，一个冰岛客户来询价，采购数量是十万把，客户说要在本土市场卖，那你很容易就能判断出，这是天方夜谭。因为冰岛的人口总共就只有四十万，市场特别小，采购十万把沙滩椅，销售给本土的四十万人，而且冰岛一年中没有多少可以晒太阳度假的日子，显然这个采购数量就有问题。

在这种情况下，大概率就是客户想用一个很大的采购数量来"诈出"你的底价，然后再减少订单中的采购数量，或者以样品单为借口，找到最好的成交价格。当你看到采购数量大，把利润压到只有3%，这时客户突然来一句："我们初次合作，还是要先下个试单（trial order），如果一切合适我们才会下大单。"你怎么办？已经给客户报了底价，就很难再重新涨价，最多也就是象征性涨价，可对于小订单，即便没有亏损也利润微薄，几乎成了白忙活。

这时候或许你会很郁闷，埋怨自己没把价格谈好，结果让订单变成了这样的鸡肋订单。而客户会很开心，因为他通过谈判技巧，取得了胜利。

我举这些例子是希望告诉外贸人，谈判前的准备工作是非常重要的，甚至起到了关键作用，我们千万不能忽视，也不要一接到询盘就盲目报价，其结果或许会影响客户，或许会伤害自己。

二、对产品和行业的专业

什么是专业？是了解产品工艺和价格构成？是了解行业现状和产业布局？还是了解产品在国际市场上的销售情况和未来发展趋势？

我觉得这些都对，但是都不全面。对于外贸人而言，专业体现在一个人的个人素养上，进一步说，就是客户对你的感觉。他觉得你专业，你就专业。

再说得直白一些，只要你比客户多懂一点点，比同行多迈一小步，你就在客户心里营造了你们公司专业的形象。客户会有比较，怎么比？无非就是用你的同行作参照物，谁让他感觉沟通更舒适，谁可以给他解决各种问题，谁能给他量身定制方案，谁的经验和谈吐貌似更出众，谁就更专业。

这一步说起来简单，做起来可一点都不简单，需要业务员长年累月地积累和对细节好好把握。尤其是沟通方式和谈判技巧，直接会影响客户对你的主观判断。客户是人，不是机器，他必然有感性的一面，他觉得你这个人不错，挺专业，进而跟你深入谈判，生意才有可能做起来。反之，如果一开始你给客户的印象就是个菜鸟级的业务员，什么都不懂，一问三不知，遇到每个问题都要问同事，都要打电话请示上司，客户会喜欢跟你谈判吗？

比如你的客户要采购可充电的工作灯，你作为贸易公司的业务员，可能并不需要知道这款充电工作灯所配置的锂电池具体的生产工艺和材料配比，因为大多数客户也不知道。可你要知道的是，在这款工作灯上，锂电池的价格占总价格的比例是多少，工作灯可以续航多久，如果价格需要更低，锂电池部分是否有办法通过调整配置而降价？除此之外，如果这款灯出口美国，其外部材料是否有阻燃报告？产品有没有通过ETL或UL认证？重金属含量是否在规定标准内？有没有通过加州六五（Prop 65）测试？这些才是客户直接关心的地方，可也决定了你能否在谈判中树立专业形象。

说白了，虽然你不需要像工厂的技术人员那么精通产品，也不需要像工程师那样了解各种电路和产品的工作原理，但是作为业务人员，你只要能比客户多懂一点，就已经算是专业了。

三、效率、效率，还是效率

效率很重要，相当重要，非常重要。

效率不仅体现在报价上，对客户所提问题的及时反馈、工作的效率、生产的效率，以及解决问题的效率同样很重要。

什么是效率？我的理解是，在外贸行业里，效率不代表"秒回"，而是在合适的时间给客户合适的答复，这就是效率！

请注意是合适，并不是最快，要根据实际情况来定什么时候是合适的回复时间。例如客户刚发了一份询盘过来，你一收到就发现，这款产品你给其他客户也报过价，于是你立刻就写了邮件，把同一份报价单发了过去，速度很快。可发过去后，你发现忘记抹去那份报价单里其他客户的信息了，这时你紧跟一封邮件,请客户忽略上一封邮件,重新以新的报价单为准。

然后又发现,客户的邮件里还有几个其他的问题,你马上又写了一封邮件进行补充,把这几个问题解答了一遍。等这封邮件刚发出后,你猛然发觉订单的数量不一致,这个客户的采购数量只有原先那个客户的十分之一,但是价格已经都报出去了,怎么办?难道第三封邮件再写了发过去,请客户忽略前面的两封,以这第三封邮件为准?

这就是"快"带来的后果,你根本没有认真审阅客户的询盘内容,没有做好充分准备,没有做好检查工作,贸然回复客户,然后一次次自己打脸,一次次补充和推翻前面发的内容,让客户如何相信你是专业的供应商?

那在谈判过程中,怎样才算有效率呢?我认为,要注意以下四个要素。

(1)第一时间给客户答复。能报价就给出准确报价,若暂时不能就给予快速回复,告知我方具体工作进展和能给出最终答复的时间。

(2)只要不是十万火急的项目,回复时间可以根据客户的时差来调整,让客户在工作时间收到回复就可以了。

(3)图片要非常准确,避免产生误会。譬如客户提供了一张图片,要求报价,而我们的产品是类似款,与图片中的产品并不完全一致,那回复客户的时候就要提供自己公司产品的图片,并说明差别在哪里,而不是只做一个简单报价。如果后来等客户确认样品后发现两者不一致,流程须重新走一遍,这才是浪费时间。

(4)报价单必须详细准确,必须内容到位。很多供应商比较懒,收到询价后往往随意报个价,稍微好一些的就再加个外箱资料。这是不够的,不仅不高效,还浪费客户的时间。后续来回挤牙膏式的谈判,谁都会觉得厌烦。

四、合适的报价技巧

报价的时候,并不是一五一十就是对的,报价技巧也不可或缺。很多做外贸的朋友会抱怨,价格报出去后没消息,总是石沉大海,或者有时候怀疑某些询盘是同行来套价格,不敢报价,怕泄露自己公司的商业机密。

所以报价才需要技巧，以尽量避免上述情况的发生。应既不让同行从你的报价中套出很多信息，也要尽可能让客户回复你，这才是好的报价。

根据我个人的经验，报价要尽量虚实结合，不要让人轻易看出你的底牌，不管这个人是你的同行，还是潜在客户。只有遵循这个规则，你才能尽量在价格上占据主动位置。以下是我在工作中使用过的一些成功拿下订单的技巧，希望给大家一些启示。

1. 削弱参照物法

这个办法说起来很简单，可概括成一句话，就是让客户很难找到参照物，使价格没有可比性。

打个比方，某款园林太阳能灯，工厂报给我的价格是14元（人民币），彩盒包装。这时候我怎么报给客户？可以报2.8美元，也可以报5.8美元，利润从20%到200%都有可能。

可以说，我报给每个客户的方案都不一样，因为我绝对不会原封不动地按照工厂的数据报出去，我会给不同客户做具体方案，模糊价格。

比如用四十个产品做一个展示盒，展示盒可以优化设计，做一张漂亮的渲染效果图，甚至把以前给大买家做的展示盒图片发给客户作参考，告知可以如何改动，以符合如今的前沿设计，超市货架摆放和动线会比较合理。另外再做好条幅和广告语，将一整套销售策略做好，再等他确定该如何修改。

这样一来，价格可比性一下子被削弱，变得不是那么透明了。这时客户将我的方案转发给其他供应商，漫天询价，我相信大多数供应商肯定会让客户提供各种信息，譬如展示盒用什么纸？克重多少？上面有没有覆膜？用什么样的印刷方式？一系列的问题有可能把客户问倒。而且，这样一来，这些供应商被我的方案牵着鼻子走，在各种细节不确定的情况下，他们的报价会预留更多安全利润空间，往往会因此失去竞争力。

即便有几个供应商的报价比我低，我也可以做方案调整，继续牵着他们的鼻子走，只要他们有一点不耐烦或者不配合，就等于把机会推给了我。如果其他供应商的报价比我低很多，这反而会引起客户疑虑，觉得产品是否不一致？他们的报价究竟对不对？

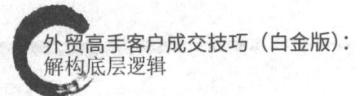

而客户在没有具体参照物的情况下，砍价往往也只是凭借经验，这就是虚虚实实，不怕同行套价格的手法。

我们再反过来看，很多业务员的思维很死板，纯粹是客服式的业务员，他们在收到询价后总喜欢询问各种信息，非要打破砂锅问到底，把所有细节弄清楚后再报价，以为这样报出的价格比较准确。

这种想法没错，但现实情况是，客户会不会不厌其烦地回答你的"十万个为什么"还是说客户更喜欢专业的供应商，能给他更多建议，给他提供各种方案以供选择？很多客户也是中间商，他的客户或许就给了他一张图片或者一两句简单的描述，其他资料都没有，他如何给你提供更多信息？根本就无法回答，他只会认为你不够专业，才会有那么多问题。

如果有聪明一点的供应商，直接给出自己的方案并给出各种建议，客户觉得不错，或许就把别人的一些参数发给你，让你去报价。这时候反而你会很被动，发现不是自己常做的尺寸，材料居然也不是你们用的材料，就连包装方式也不一样，这就需要跟上游供应商反复确认，价格报出来还未必准确。因为这是别人的方案，你被别人牵着鼻子走，自然会比较被动。

反之，若给出方案的那个人是你，客户拿你的方案去跟你的同行询价，这时头疼的就变成了他们。他们需要根据你设定好的规则来玩这个游戏，你就牢牢地占据了主动位置。所以，你不但要做出几套方案，而且速度要快，要占据客户的心智，让客户在主观上认为，你是优选的供应商。

2. 大买家鼓励法

跟知名客户的合作，往往就像金字招牌一样，会提供加分项，增加你在客户心里的分量。如果你跟大买家有过合作，是不是更能取信于你正在开发的其他普通客户，或同等级别的大买家？我相信，大多数情况下，答案是肯定的。

譬如你通过进口商给德国 Aldi 报价，你曾有给 Lidl 供货的经验，这自然是非常重要的加分项。

譬如你给美国的一个小众品牌做白瓷的咖啡杯，若是你拿出给星巴克的出货样，自然是对你的实力和产品品质的绝佳证明。

若是把前面的"削弱参照物法"和这里的"大买家鼓励法"合并起来使用，

很多时候会产生惊人的效果。

我们做个假设,有客户给了我一张拖把的图片,让我报价。我一般会给他们看我们公司类似的出货照片,包括说明书、彩盒设计稿、展示盒图片,还有详细准确的专业报价单。其中有些图片是某些大品牌的出货样,说服力更强,等于就向客户暗示了:某大客户的商品,也是下单给我们做的,所以我们给您供货绝对没问题。

最后我会补充一句:"如果您希望采购跟图片一样的产品,完全没问题。如果想要差异化,或者有特别的要求,请告诉我们,我们马上给您提供全新的方案,并且提供新的报价和样品作参考。"

这样就可以了。买家的心态是什么?只是希望找到合适的供应商,能配合他完成订单,且价格能够接受,如果供应商还有跟大买家合作的经验,那就更好了,这类供应商的流程、品质和管理肯定更加出色。

我在美国公司做买手的那些年里,我找供应商的习惯,首先是看他是否专业,其次是看他有没有跟大买家合作的经验。如果他是其他大买家的现成供应商,那我当然可以考虑合作,因为试错成本相对比较低。

3. 捆绑策略法

我的捆绑策略法比较特殊,不是把几个产品放在一起捆绑销售,而是利用自己的品牌,把自己和客户捆绑起来,大家利益共享,风险共担,让客户很难独善其身,也很难轻易更换供应商。

设想如果客户的店里卖的是我们的产品,货架上的产品包装上印的是我们的品牌,且该产品已经在当地顺利销售,消费者也逐步适应了。如果哪天突然更换产品,消费者会习惯吗?也许会,也许不会。从买手的角度上看,更换品牌就会带来不确定的风险。万一消费者还是喜欢原来的品牌,而这家店里却不卖了,他可能就会去别家购买。

我以前做文具时就有一个捆绑策略,我帮一个大买家设计了一系列的文具类产品的纸卡,同时产品给他报了最低价,条件是他要将该文具系列的一揽子订单,即这条线的采购订单全部给我,而且要统一品牌。这个品牌的中国商标属于我们,海外商标属于这个大买家,我们彼此深度合作和共享。

我给他的回报是所有的纸卡都由同一家工厂生产，这家工厂是昆山的优质工厂，也是许多大买家的代工厂，其产品的品质绝对过硬。这样一来，同一家工厂做这个客户的文具产品线的所有包装，能最大限度地保证品质的一致性，并且能减少色差，令客户非常满意。

通过这样的一揽子方案，以及虚虚实实的报价，我们有些产品的利润不错，有些产品获微利，有些产品的利润保平，也有几款产品是亏着做的，但是整体上，我们公司得到了一定的利润，客户还不会轻易转单，这样的合作就比较稳固。

如果说客户突然要终止合作，那就要换掉一整个系列的产品，甚至还要换品牌，这中间要考虑的问题是非常复杂的，千头万绪，不到万不得已，客户不会轻易做这样的选择。

要知道，用好捆绑策略，一旦客户上了你这条"船"，只要有利可图，他就不会因为你的同行报价便宜一点而轻易下船和换船。

4. 狮子大开口法

如果你的产品比较冷门，竞争的同行也没有太多，那不妨试一试这招。但是用这招有一个前提，就是你对产品、行情，特别是目标市场有充分的了解，而不是随意乱报价。

对于业务老手来说，这招是家常便饭了。对于有经验的买手来说，不论你的报价是高是低，他都会说你的报价很高，要求你降价。大部分买手的心理是什么？他们买的往往不是"便宜"货，而是有"占便宜"的心理，会习惯性地通过谈判，给自己争取更多利益。

就像百货公司里有很多服装品牌，一件普通的夏装卖一千元，你觉得贵，可等到换季的时候，这件夏装直接就打了对折甚至更低的折扣。你明知道这时候购买反季的服装没法穿，但是以这个价格的购买感觉能占到了不小的便宜，因此还是会买，你心里想的是明年还能穿，或许明年你根本就把这件衣服压箱底，完全不会拿出来，也挡不住此时此刻的占便宜心态。

如果你卖电视机，即便你给客户报价1美元一台，经验丰富的买手还是会本能地脱口而出：哇，这价格太高了！（Wow, that's too expensive!）

这个时候的谈判，其实更多的是一种博弈，价格本身并没有跟产品完全挂钩，而更多地取决于谈判的好坏。

只要你的产品够冷门，供应商很少，同时你也知道该产品在国外的销售价的基础上，是可以做一点差异化的，然后狮子大开口，报一个好价格，静待客户还价，然后一轮一轮地谈判。更多的时候价格是谈出来的，所以不要害怕把客户吓跑，你不谈又怎么知道不可能呢？

美国前国务卿基辛格说过一句耐人寻味的话："谈判桌旁的结果，在很大程度上取决于一个人夸大自己要求的能力。"所以，开出高于自己预期的条件，在谈判中十分重要。

这招不仅可以用于报价，也可以用于砍价，甚至可以灵活应用于求职过程中的薪酬谈判。

以上这些都是报价和谈判过程中的一些简单的技巧，但要注意，技巧知识对于谈判只能起到辅助作用，而并非决定作用。真正能起到决定作用的，还是报价前的准备、回复客户的效率，以及对产品和行业的专业。

《孙子兵法·兵势篇》里有一段很有意思的话：

"凡战者，以正合，以奇胜。故善出奇者，无穷如天地，不竭如江海。终而复始，日月是也。死而更生，四时是也。声不过五，五声之变，不可胜听也；色不过五，五色之变，不可胜观也；味不过五，五味之变，不可胜尝也；战势不过奇正，奇正之变，不可胜穷也。奇正相生，如循环之无端，孰能穷之？"

商业谈判也是一样，要以实力为后盾，就是以正合；然后再辅以一些技巧来促成谈判的成功，就是以奇胜。所以，出奇制胜的关键点还在于真正的实力，这是根本。从外贸角度上看，就是你的产品以及你自身的专业程度。否则，即便以诸葛亮之才，空城计也只能用一次，不是吗？

五、业务员的个人素质

除了以上四个要素外，还有第五个要素会对谈判结果造成极大影响，就是业务员的个人素质。

其实用"素质"这个词并不是特别准确，我想表达的是客户对于业务员的一种主观印象，或者说第一印象。这不是完全跟能力挂钩的，而是展示给对方的整体感觉。

有时候客户会说，我很喜欢某公司的某位业务员，她的工作能力相当棒！这种好印象怎么来的？我相信，这位业务员不仅是对产品专业，服务不错，更多的是该业务员有一种特质，能让客户喜欢和信赖。

用言语形容可能很微妙，很难表述，但事实就是这样。我相信很多业务员会有这样的经历，你平时接触不同的供应商的时候，在没有具体合作前，如何做出基本判断呢？当然，产品很重要，价格很重要，交货期很重要，那接下来呢？肯定是哪家工厂的业务员或者老板给你的印象很好，你觉得他不错，很靠谱，很实在，你才会考虑下单给他，才会跟他多谈一些东西，才会谈到一些深度合作的话题。

贸易公司需要稳定和优质的供应商支持，工厂同样需要稳定和优质的原料及配件供应商，那客户呢？同样如此！这种心态所有的买家都有。

问题来了，那业务员如何给客户留下不错的第一印象？这种让人喜欢的个人素质是如何形成的？简而言之，我觉得有两个方面，一是专业，二是细节。

专业指的是业务员对产品的专业，对市场的敏感，对价格的老到，以及在各种知识层面上构建出来的信息，能让客户觉得你靠谱，从你手里买东西心里踏实。

而对细节的把握又能体现业务员的细心和敏锐，能有效防范问题，把事情做得更加完美。完美不代表没有错误，这个世界上的任何事情都会有错误和漏洞，都有值得优化的地方。把事情做完美，是对于细节的充分考虑，使得错误发生的概率大大降低，减少客户的风险。

这就是优秀业务员的个人素质，在这个基础上，用专业打底，然后在谈判的过程中穿插运用各种技巧，才能最终转化询盘，拿下订单。

谈判的核心是双赢，是彼此在妥协和退让的过程中达成共识，找到平衡点，大家各取所需。如果一方觉得自己亏大了，完全没有任何"赢"的感觉，那合作就很难进展下去，谈判就会陷入困境。

第六章
付款方式的博弈

T/T 是最安全的付款方式吗?

信用证能做吗?

放账是否风险极大?

第一节
T/T，非双赢不合作

一听到信用证，你会打哆嗦吗？其实没有那么难，关键是弄明白其内在的细节。做好风控，一切便都能顺理成章。

一、最便捷的付款方式

T/T 是英文 Telegraphic Transfer 的简写，在国际贸易中表示"电汇"，又称 Wire Transfer，是指汇出行应汇款人申请，解付一笔款项给收款人。

比如说，美国客户指示负责他公司业务的银行，付款 1 万美元到你公司在中国的银行账户，这种跨境的货款支付，即银行与银行间的直接汇款，就属于 T/T。

这是国际贸易中最常见的付款方式，也是被广大外贸同行公认的最简便、中间程序最少、最直接的方式，类似于我们国内的常规银行转账，只是银行转账路径不同，支付货币不同而已。

过去跟"电汇"对立的，还有另外一种汇款方式，叫"信汇"，英文是 Mail Transfer。只是如今信汇基本上已经被淘汰，这种指令过于落后和缓慢，银行之间已逐渐停止使用，而电汇开始成为汇付（Remittance）的主流。其原因很简单，就是因为便捷性，只需要提供账号和相关公司的信息给客户，就可以坐等收款和入账，不需要再做其他事情。

在电汇的过程中,实际上涉及以下四个或五个角色。

第一,付款人,英文通常翻译成 Payer 或 Remitter。

第二,付款行,就是付款人的银行,其专业英文表述是 Remitting Bank。

第三,收款人,也可以理解为受益人,英文是 Payee 或 Beneficiary。

第四,收款行,是收款人的开户银行,也就是入账的银行,叫作 Receiving Bank。

此外还有第五个角色,在国际结算中可能存在,也可能不存在,需要根据实际情况决定。这第五个角色,是"中间行",英文翻译成 Intermediary Bank。

具体的流程,如图 6-1 所示。

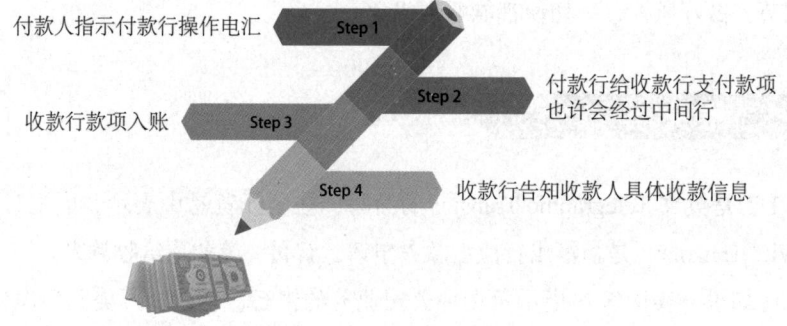

图 6-1 电汇的基本流程

在外贸订单操作的过程中,"一手交钱、一手交货"的传统交易模式是不现实的,因为供应商一般不会在只收到一纸合同时就立刻安排生产,即使资金充裕,供应商还是会觉得缺少保障,因为客户可以随意取消订单,供应商承担的风险太高。

常规的外贸订单处理中,大部分的 T/T 都是带有定金[①]的,只是比例不同,少则 5%,多则 50%,都很平常,要根据实际情况和具体产品来定,这也

---

① 在外贸操作中,定金一般用 deposit 或者 down payment 来表示。

关系到业务员跟客户的谈判情况。

当然，客户的信誉、公司规模以及配合程度等都会在某种程度上影响定金的比率。如果是大客户或知名客户，可能会付极少的定金表示诚意，也有可能不付定金；如果是老客户，由于长期合作，大家彼此信任，也了解对方，定金可能从最初的40%下降到10%，甚至取消定金；如果是第一次合作的客户，因为双方互不了解，为了共担风险，采用30%左右甚至更高比例的定金也很正常。

T/T操作简便，只需提供银行账号和相关信息就能让客户安排转账，除了必需的银行手续费外，T/T几乎没有其他的费用，能让供应商尽可能多地收到款项；而且对于客户来说，如今发达的网银和手机银行使得付款变得十分便捷，转账甚至用不了一分钟就可以搞定，再也不需要去银行排长长的队，耽误大半天时间了。

无论是中国外贸人，还是海外其他国家地区的外贸人，T/T这种方式，使用最为广泛，也最容易被大家接受，是最普遍的付款方式。

二、T/T 的两大缺陷

但是T/T也有两个很大的缺陷，一是尾款的收取，二是大订单的付款安排。

缺陷一：尾款的收取。

T/T通常没有定金或者只收取一部分定金，但是对于双方来说，尾款才是订单最重要的部分。毕竟定金的比例很少有超过50%的，所以剩下部分的款项才更大程度地决定了这个订单的价值。

目前主要有两种收取尾款的方法，第一种是客户在生产完成后验货，没问题就付款，然后供应商出货，也就是俗称的"带款提货"；第二种是生产完成后验货、出货，客户在收到提单复印件，知晓货已发出后付款，然后供应商提供正本提单，供客户在目的港清关、收货。

这两种方式可行吗？可行，但坦白说都有一定的风险。如果发货前付款，那客户就承担了大部分风险,如果供应商收到钱后不发货怎么办?如果是见提单复印件付款,那供应商就被迫承担了大部分风险,客户收到提单复印件后不给钱,通过指定货代私自将货提走,或者有意等货物到港后以不提货威胁,或者随便找点借口要求供应商打折处理,这个时候怎么办?把货运回来,损失更大;如果不运回来,接受客户的打折方案,那样还是会给公司带来损失。

还有少数一些国家,退运不是物权所有人可以决定的,还需要得到买方的授权,签署同意退运书,才能够让货代安排退运的相关事宜。这样一来,供应商等于再次受到了买家的牵制。

尽管我们相信世界上大多数的商人都是正当商人,都在老老实实做生意,但难免会有奸商存在,有不好的供应商,当然也会有不好的客户。所以,T/T操作的尾款收取本身就存在着一定的风险。

缺陷二:大订单的付款安排。

对于大订单,T/T的选择就会更难了,主要涉及定金的问题。如果一个订单的金额为100万美元,客户会接受30%的定金比例吗?估计很难。随便要求客户电汇3万美元过来,他们自然会有顾虑,担心供应商收了钱后会不会私自吞掉,然后消失。

可如果定金比例太少,只有1%或2%,对供应商起不到什么作用,一两万美元对于大订单的前期投入来说,简直就是杯水车薪。可能供应商采购原材料和安排生产就用掉了40万美元,如果目标市场发生变化,客户不要这批货了,客户只损失一两万美元,但大量的损失就会压在供应商身上,这显然是不公平的。

尽管目前很多大订单的操作会做分批付款(split payment)的动作,比如签订合同后,先付3%的定金给工厂备料,客户或第三方检验过这批采购的原料后再付7%,然后工厂开始生产,再做几次中期验货(inline inspection),比如完成30%的货物时验一次,付10%的货款;完成60%的货物时再验一次,再付10%的货款;完成全部货物后再做最终验货(Final Inspection),再付 30% 的货款；最后出货见提单复印件后再付剩下的 40% 的尾款。

但是这种操作方式的风险依然不小，首先就是占全额 40% 的尾款，又回到了前面的缺陷一。其次就是每一个阶段的付款虽然共担了风险，但是一旦发生问题，比如功能缺陷，供应商投入很大，客户也投了钱，一旦谈不拢，其中一方违约，另一方就很麻烦。虽然可以打旷日持久的跨国官司，但经验丰富的老业务员都知道，打这种官司除了争一口气外，基本上都是劳心劳力，没有太大的实际作用。

所以，对于大订单的操作，T/T 这种付款方式就有些捉襟见肘了。

第二节
信用证，没有那么可怕

一、信用证的强大优势

L/C（Letter of Credit）：信用证是指开证行应申请人的要求和指示，向第三方开立的载有一定金额、在一定期限内符合规定的单据付款的书面保证文件。

这个定义很拗口，简单来说就是客户通知当地的银行，由银行出面给供应商出具一份文件，上面写好要求和金额，这就是信用证。只要供应商根据要求提供了上面列明的各种文件，且做到这些条款，银行确认无误后就会把钱支付给供应商。

信用证是国际贸易中最复杂的付款方式，也是安全系数相对较高的一种付款方式，解决了诸如T/T很难解决的大笔定金问题，也平衡了买卖双方的风险问题。信用证的优势主要有以下三个方面。

第一，风险系数相对较低。
第二，操作大金额订单更加稳妥。
第三，还可以成为融资工具。

因为客户和供应商可能是初次合作、互不信任，买方可能因为订单太大，不方便安排定金，也可能担心付了预付款后，卖方不按要求生产，甚至拿了钱之后消失；卖方也担心买方会取消订单，或者交了货以后对方找借口扣款，或者直接不付款。

这时就需要一个第三方介入，为买卖双方提供担保，而银行就是一个很好的担保方。只要卖方和买方严格履行合同，银行就会承担它应负的责任，为资金提供安全保障。在这期间，信用证在某种程度上就成了订单货款的担保工具。

卖方需要严格遵守信用证条款，提供所需的单据，并且按时间要求出货和交付订单，才可以从作为第三方的银行这里拿到货款。

而买方在银行开立信用证后，无法轻易违约，同时，银行更加在乎自己的信誉。

正是由于商人们发现了其他各种付款方式的缺陷和问题，找寻各种解决方案后产生的，信用证很好地弥补了T/T的缺陷，在如今的国际贸易中被广泛应用，是相对而言较为安全的付款方式。尽管信用证也有弊端，也有这样或那样的问题，但总体而言，信用证是买卖双方比较容易达成共识的付款方式，让大家都能够从中找到安全感。

可以说，信用证的出现，给国际贸易领域带来了一场重大的革命。

二、信用证的大致分类

在外贸实务操作中，信用证大致有以下分类。

第一，按开证行所负责任，分为可撤销信用证和不可撤销信用证。

但自从《跟单信用证统一惯例》（UPC600）实施后，就严格规定银行不能开立可撤销信用证。换言之，如今的国际贸易，客户只要开出信用证，就必须是不可撤销的，这对于卖方是个很好的保障。

第二，按有无第三方银行对信用证做出担保，分为保兑信用证和不保兑信用证。

保兑信用证，对于客户公司的信誉和开证行的信誉更为重视。如果客户有违约记录，上过银行的黑名单，第三方银行往往会拒绝提供保兑。

第三，按付款时间不同，分为即期信用证、远期信用证和假远期信用证。

即期信用证和远期信用证好理解，这里要专门说一说假远期信用证。这种情况一般指的是开证行开出信用证，但有条款规定付款行负责贴现，其中的一切利息和费用由开证人承担。当然，对于供应商也就是收款人来讲，并不受影响，还是属于即期（at sight）的范畴。

第四，按受益人对于信用证可否转让，分为可转让信用证和不可转让信用证。

在外贸订单操作过程中，可能会出现如下情况：某美国公司需采购一批家具，下单给我国香港的某贸易公司，付款方式是即期信用证。而香港公司是一家贸易公司，要把订单下给越南的最终工厂，付款方式也是信用证。这时候供应商就可以要求客户开出可转让信用证，因为有可转让的（transferable）条款，所以信用证就可以部分转让，操作会简便许多。本来的两轮交易、两轮信用证，就可以合二为一，变成一次交易。

第五，按信用证交单是否要求随附货运单据，分为跟单信用证和光票信用证。

目前外贸人在实际操作中碰到的大部分信用证都是跟单信用证（Documentary Credit），一般客户都需要供应商把提单、发票、箱单、原产地证等文件在议付的时候交给银行，银行审核通过后付款。

但还有一种很少见的情况，就是光票信用证（Clean Credit）。你可以将其理解为很干净的信用证，因为条款里不要求货运凭证，可能只需要发票、箱单或者几份别的单据。我们一般很少用到光票信用证，因为对于客户而言，缺少物权凭证提交给银行，收货就会缺少安全保障。

除了以上五条，我们在贸易实务和国际结算的书里还会学到很多不同的信用证，诸如预支信用证、对开信用证、对背信用证、商业票据信用证、循环信用证、红条款信用证、绿条款信用证等，但这些信用证在实际外贸操作中比较少见，就不在本书中详细展开论述了。

简而言之，用得最多的信用证无非就两种，一种是即期信用证，也就是我们常说的 L/C at sight；另一种是远期信用证，比如 L/C 60 days，L/C 90 days 等。

由于如今的信用证都是不可撤销的，所以不可撤销的（irrevocable）这个单词加不加都无所谓，为保险起见还是应该加上，比如 irrevocable L/C at sight，就是指不可撤销的即期信用证。这个短语长是长了点，但对于一个新客户，若要求他开证，还是尽量把话说明白，以免中间有什么误会。

三、信用证的缺陷

在外贸操作中，信用证虽然优点明显，其风险相对较小，也解决了 T/T 操作存在的某些问题，容易被买卖双方所接受，但信用证并非完美无瑕，它还是存在着一些缺陷的，需要我们在具体工作中思考和权衡。

缺陷一：手续复杂烦琐。

要知道，信用证的手续相当复杂，至少比其他付款方式要麻烦得多。因为这里面至少要涉及四个角色：信用证申请人、开证行、通知行、信用证受益人。当然，最终付款给信用证受益人，也就是出口方的，叫作偿付行，而议付行通常就是开证行。

比如，A 公司（进口商）向汇丰银行纽约分行申请开证给中国广州的一家出口方贸易公司，姑且把它称作 B 公司。这个时候，A 公司是信用证申请人，B 公司是信用证受益人，而汇丰银行纽约分行就是开证行。

但通常情况下，信用证不会经由汇丰银行直接到受益人手里，而是会通过一个中间银行，比如它有可能是广州当地的中国银行。那么在这单交易里，中国银行在广州的某个支行就成了信用证的通知行。

交易结束后，B 公司要收款，就需要联系偿付行。这个偿付行可以是汇丰银行，也就是开证行，也可以是信用证指定的其他银行，比如渣打银行、花旗银行等，都是有可能的。

而且在交单和收款的过程中还会涉及很多东西，比如单据是否一致，有没有不符点，客户能不能接受不符点，"软条款"是否存在，有没有明显的错误或陷阱，是不是发现有问题时需要修改信用证，等等。

正因为手续和过程烦琐，信用证方式对出口方和单证人员的能力要求非常高，审证也容不得一点马虎，否则就有可能给公司造成巨大损失。所以，很多公司对于信用证付款是有抵触的，反而更愿意用T/T或D/P之类更加灵活的操作方式。

缺陷二："软条款"的问题。

大家都知道，信用证的"软条款"很可怕，会给公司带来很大损失。作为一个从业接近二十年的老外贸人，我认为，大多数客户都是正当做生意的，大多数银行也都是诚实守信的。其实故意在信用证里设置"软条款"的情况非常少见，至少在我的外贸生涯中从未遇见过。

条款的前后矛盾很多时候是因为单据和客户要求出现抵触。或者说，信用证要求了一些供应商在客观上无法解决的单据，这时就需要跟客户协商，修改内容，通过谈判来达成共识。

因此，单证人员在审证过程中必须十分仔细，确保无误后才可以安排生产。如果存在有争议的地方，必须事先向客户提出，商量修改信用证。

特别是有些客户做光票信用证，要求供应商将提单正本另外寄给客户或者电放，那就要特别小心。如果客户拿到物权凭证，再以物权凭证与其他提供给银行的单据不符为借口，是完全可以拒付的，那样供应商就会血本无归。

审证这个环节，必须在前期就做。

缺陷三：不符点。

做信用证，一般来说多多少少都有不符点。虽然在理论上，不符点可以避免，但是在现实操作中，几乎很难碰到完全干净利落、无任何不符点的信用证交单。

在实际操作中，单据和信用证规定的任何差异都可以称为不符点，比如一个字母或者一个标点，银行都有理由以此为不符点并扣款。具体到费用，每家银行都是自行收费，价格会有差异，可能是50美元或者更多。

既然不符点需要收费，那银行会不会从鸡蛋里挑骨头，为了抓收入，举着放大镜找问题，找出无数个纰漏，给你连续扣100次不符点？不必担心，不符点的扣款只有一次。比如某银行的不符点扣款是50美元，那无论银行找到一个不符点还是七个不符点，都只扣一次费用，就是50美元。

可若是发现严重的问题或银行不敢轻易判断的问题，银行就会终止付款，并跟最终客户确认。只有客户愿意接受严重不符点，银行才会继续付款。如果客户不愿意接受，理论上银行就会根据客户要求拒绝付款。这样，风险依然存在，而且大部分风险在出口商方。

当然，若客户要求拒付，不接受不符点，出口商可以跟银行讨论不符点是不是真的构成拒付条件，提起申诉。但银行只能根据单据间的审核，给客户提供专业意见，最终的决定权还是在客户手上。

所以，不符点本身就是信用证的一个软肋。海外的骗子或奸商一旦在信用证里加入诸如"凭客户出具的验货报告或者认可报告"之类的条款，并且在验货后有意拖延，人为造成严重不符点，那么在货装运以后骗子或奸商就可以单据不全为理由拒付，这时出口商就会很麻烦。

此外，对于大订单操作，可能涉及分批出运或者需要转运的，信用证条款肯定会变得复杂。很多时候都会有各种各样的问题产生，导致单与单不一致，或者单据间不一致，从而不可避免地产生不符点。对出口商而言，其风险虽然没有T/T的收尾款那么大，但依然存在。

第三节
D/P 和 D/A，风险如何权衡

银行托收能做吗？拒绝？那是你不了解风险等级吧。弄清楚后，还是有操作余地的。

一、D/P 和 D/A 的定义

我们先看一下这两种付款方式的具体定义，如下所示。

D/P（Documents Against Payment）：是"付款交单"的意思，指卖方将出货后的相关单据提交给银行，买方通过当地托收行付款赎单，然后提货。

D/A（Documents against acceptance）：是"承兑交单"的意思，指卖方在货物装运后出具汇票，连同各种单据通过银行提示买方，而买方在汇票上办理承兑后，就可以凭单据提货了。

无论从表面上还是理论上看，D/P 相对安全，D/A 则风险较大。因为根据 D/A 的流程，一旦客户到了承兑期限拒绝付款，出口商也没有办法，因为货物已经被客户提走，甚至已经销售完毕，这个时候要追究责任，肯定只能打跨国官司，那就非常麻烦了。

二、实际操作中的风险点

在实际操作中，D/P 和 D/A 的风险并没有相差特别大，D/P 同样存在一定的风险。

在很多情况下，客户会要求做远期付款，最终的谈判结果或许是 D/P after 45 days，那么，出口商的风险就成倍递增。这个时候，进口商只要出具一份信托收据（Trust Receipt）给银行，就可以先借出相关单据提货。

这时如果这个进口商不诚信，存心要欺诈，没有信托责任，最后损失的就是出口商了，银行是没有责任的。这里远期的 D/P 在性质上就等同于 D/A，其风险非常大。跟客户谈判这类付款方式的时候一定要小心，业务员要自己衡量可行性和操作上的问题。

至于 D/A，凭借的仅是客户的公司信誉以及他的个人信誉，其会承诺在未来的某个时间付款。通过这个承诺，客户就可以拿到全套单据，然后先提货，后给钱。

如果随后客户碰到财务问题，经济状况不佳，不得不违约呢？又或者客户本身就是以诈骗为目的，根本就没打算在未来付款呢？这些可能性都是存在的，这就是为什么在很多书上都不建议大家跟客户做 D/A，因为其风险等级很高，这是没错的。

而我这边要补充的是，即期的 D/P 的确相对安全，是标准的银行托收。但是远期的 D/P，事实上跟 D/A 差不多，风险等级偏高，大家必须要谨慎。

三、D/P、D/A 和信用证的比较

跟信用证类似，D/P 和 D/A 都是提交单据给银行，然后收取款项。在这其中，银行是专业的第三方，用来代客户收取单据并且安排付款，只是银行的责任是有差别的。

信用证是银行交易，只要单据满足信用证要求，银行就必须付款，银行是无法拒付或者拖延的。而 D/P 和 D/A 最终的付款方是客户，银行只是代为

收取和传递单据，因此性质不同。另外，D/P和D/A的操作比信用证简便许多，费用上也少了一笔通知行的费用，而且没有不符点扣费这回事。

　　我个人建议，业务员在和客户讨论D/P或D/A作为付款方式的时候，必须擦亮眼睛，先查询对方银行的信誉和风险级别，必要时委托专业的第三方机构来做出准确、客观的评估，再决定是否能接受这两种付款方式。

第四节
客户要放账,怎么办

还是那句话,存在即合理。我们要明确彼此的诉求和痛点,才能做谈判方案和平衡彼此的风险。放账不是不可以,关键是要做好风控。

一、什么是 O/A

O/A 是英文 Open Account 的简写,指出口商在货物出运后,把物权凭证和相关单据直接交给进口商,并在一定时间后再向进口商收取货款的一种付款方式,其通常被称为"赊销"。

对于 O/A,我们可以简单理解为"先发货,后给钱"。

在外贸领域,或者说国际贸易实务的相关书籍里,并没有太多关于 O/A 的详细论述。因为在学术领域里,其真正的叫法是"后 T/T"。

在本书的第六章第一节中已有介绍,T/T 是 Telegraphic Transfer,表示电汇。"前 T/T"表示在发货前付清款项,通过电汇方式支付 100% 货款。"后 T/T"表示先出货,先给客户相关单据,在当地清关和提货,然后提前销售,在未来的某个约定时间再支付款项。

而在实际操作中,欧美客户往往更喜欢使用 O/A 这样的表述方式,这是从账户的角度而言的,也是一种习惯性表达。Open Account 中的 Open 是形容词"待支付的"的意思。

如 30 天远期付款，其标准术语是 T/T 30 days，习惯性表达是 O/A 30 days，这两个短语几乎就是同一种含义。

二、O/A 的风险等级

总的来说，O/A 是所有付款方式中风险最大的，比如 O/A 60 days 或者 O/A 90 days，分别表示"发货后 60 天付款"和"发货后 90 天付款"。先出运货物并交付所有单据，对于出口商而言，其手中就失去了所有保障，一旦客户违约，所有的损失都会由出口商承担。

远期的 D/P 或者 D/A，至少还有进口商承兑这样一个环节。但是如果选择 O/A 的方式，就连这个环节也省了，基本上完全依靠客户的信誉，没有任何担保或者第三方参与进来以分担风险。这个时候，对于供应商来说，就要十分小心了。

如果不是多年合作顺畅的老客户或是信誉极好的优质客户，选择 O/A 要十分谨慎。从某种程度上说，O/A 其实可以等同于后 T/T，赊销货物，拉长账期，收款安全，纯粹依赖于买家的信用。我们说 O/A 45 days，其实就是出货后 45 天付款，跟 T/T 45 days 是一个道理。

三、客户要做账期，怎么办

对很多大买家而言，跟供应商操作 O/A 这样的付款方式其实很常见，尤其在美国市场就更加普遍了。

也许很多客户属于新建立的合作关系，与供应商彼此不熟悉，一开始客户答应供应商做即期信用证，甚至做 T/T 带 30% 的定金，但是慢慢地就会一步步转向放账。这并不一定是由于客户的资金紧张，而是客户需要规避风险，而 O/A 就能很好地满足这一点。另外，用 O/A 也是为了操作方便，客户可以一个季度、半年或一年结算一次，比 L/C、D/P 和 D/A 都要简单许多，而且更省费用。

这里面有一个很大的问题，就是当客户提出要做 O/A，供应商该怎么办？如何做好风险控制？

有些供应商一听客户要做 O/A，都忙不迭地打退堂鼓，二话不说就拒绝，这其实过于粗暴直接，容易失去很多好的机会。要知道，适当的账期不是不能做，而是要通过分析实际情况，在保障安全和自身利益的同时，稳定客户和订单。

如果说，供应商公司不差钱，或者说客户的订单数额并不大，涉及的金额完全可以承受，仅担心风险的问题，那不妨把订单做一下信保，将风险转移给保险公司，不就可以解决风控问题了？如果客户破产倒闭，或者因为种种原因违约，供应商可以找中信保理赔，赔付约定比例的货款，即便产生了损失，也在可控范围内。

如果说，供应商公司不仅担心风险问题，还因为它真的缺钱，若客户不给定金，那就连买原料的钱都没有了，完全无法周转下去，这时供应商就要主动跟客户谈判，如何修改付款方式，如何找到双方都能接受的折中点。譬如改成远期信用证，这样客户依然可以一切照旧，做远期付款；而供应商手中有了信用证，就能找银行做打包贷款，抵押信用证预借部分款项，用于生产和周转，问题就能通过技巧性谈判的方式得以解决。

第五节
付款方式的安全性比较

没有绝对的安全，只有相对的平衡。付款方式是外贸谈判的重要一环，不可或缺。

一、最安全的付款方式

我们作为出口方，在工作中的每个环节都要跟钱打交道。出口方要付款给上游供应商以采购原料和配件，要把生产完成的产品卖给客户，甚至还要垫付一部分或者全部的货代费用，因此，付款方式的安全性不容忽视，一不小心就有可能赔了夫人又折兵，损失了钱财，也搭上了货物，钱货两空却无处申冤，绝对是不好受的。

因此，供应商总是寄希望于付款方式的安全，即便降低利润，都要控制住风险。钱可以慢慢赚，可一旦上当，在付款方式上翻船，那可能连续几个月甚至几年的辛苦付出都白费了。

那有没有绝对安全、完全无风险的付款方式呢？理论上是有的，就是100% 前 T/T，英文叫 T/T in advance 或者 T/T 100% in advance。在合同签署后且安排生产前供应商就收到所有货款，自然是最安全的，钱在手则心不慌，至少不用担心客户不付钱，不用担心货物被轻易骗走。

但是很可惜，除了极少数的小订单外，只要是正常金额的订单，大多数客户都不会接受这样苛刻的付款方式。

原因很简单，做100%百前T/T，供应商是安全了，那客户呢？客户就要承担所有的风险。毕竟生意是相互的，一方零风险，另一方就承担了100%的风险。客户会答应吗？也许会，但在大多数情况下不会。只要他有别的选择，只要他能在别人那里找到替代品，他就不会答应。

二、付款方式的选择，在于平衡双方风险

做生意，谁都怕上当受骗，谁都希望合作条件对自己有利。出口商会担心被骗，进口商同样会有这样的顾虑。因此，付款方式的选择和谈判，往往会影响业务的开展和谈判的进展。

所以在谈判之前，业务员必须了解并精通各种外贸付款方式，清楚其优缺点和风险所在。这样业务员才能心里有底，才能有针对性地和客户谈判，了解彼此的情况和需求，寻找双方能够接受的平衡点。

以下是我们在外贸工作中常用的付款方式，根据最低风险到最高风险的顺序，做一个排列。

1. 100% T/T in advance
2. T/T with xx% deposit, balance before shipment
3. L/C at sight
4. L/C xx days
5. 100% T/T before shipment
6. T/T with xx% deposit, balance before shipment
7. D/P
8. T/T against the copy of B/L
9. D/A
10. O/A

这里，最上面的 100% 前 T/T，对供应商来说最安全，对客户而言最不安全。最下面的 O/A，对供应商而言最不安全，但对客户来说就是最安全的付款方式。

这就是因彼此的角色和立场不同，所带来的截然不同的标准。

大家或许会发现，大多数的外贸订单，都会采用 T/T 的付款方式，并且带有部分定金。而这恰好是以上风险排列中的第六项，即中等风险。因为对供应商而言风险中等，对客户也是如此，这是相对的。所以大多数常规订单选择这样的付款方式，更能让双方接受，是有一定道理的。

三、坚持，而不固执

一般来说，中小客户接受 T/T 的可能性比较大，不论有没有定金，都可以通过谈判来解决。但是大客户和国际知名的大买家、五百强企业，基本上都是以 O/A 和各种远期付款为主的付款方式，而这种情况需要一分为二来看。

若是直接跟大买家合作（Direct To Big Customers），恐怕很难有通过谈判改变付款方式的可能性。因为他们都有很多稳定的供应商，选择性很强，买方实力远远强于卖方，在谈判上本身就不平等，客户很难自降身价为满足或迁就供应商来做 T/T。除非价格特别有竞争力，或者产品有极大的独特性和技术门槛，以这些特殊的条件来换取买方在付款方式上的让步，则是有可能的。

若是通过中间商来操作大买家订单（Indirect To Big Customers），那就会容易很多。因为中间商存在的价值，就在于为大买家规避风险，大买家用这种方式或许是看中了中间商的分销能力、对各种资源和渠道的优势、出色的设计能力等而做出的理性选择。这样，中间商承担了向供应商付款的风险，供应商就有机会在付款方式上与客户谈判。

譬如，美国的某个大零售商直接下单给广州的贸易公司，可能就会坚持 O/A 60 days 的付款方式，但是同样的订单，如果下给美国的进口商，付款方式不变，但是进口商再下单给广州的那家贸易公司，可能付款方式就变成了 T/T with 20% deposit, balance against the copy of B/L（20% 定金，余款见提单复印件付清）。

　　这里，中间商可能赚了 30% 的利润，但是其承担了货物的品质风险等，因为零售商跟中间商发生业务关系，而不直接跟广州的贸易公司有任何业务往来。中间商需要保证货物的品质、交期、接受 60 天远期的付款方式，并承担付款上的风险，因为他们要先垫钱给出口方，作为定金。

　　我想补充的是，很多国内出口商通过中间商给大买家做过几个大订单后，心里可能就开始蠢蠢欲动，想跳过中间商直接给客户供货，以缩短中间费用。但事实上，这样做得不偿失，未必能赚到更多的利润。如果你有这个想法，最好先问问自己能否接受收款的风险，能否在这个核心问题上做出让步来迁就客户。

　　付款方式本身就是一把双刃剑，用好了保护自己，用坏了则会砍伤自己，都是有可能的。很多时候，对于新客户的开发，付款方式尤为重要，因为它决定了你能否开发新客户或新市场。前期的合作不容忽视，尤其是在付款方式上，必须要让对方感觉到你有足够的诚意才行。

　　付出是相互的，谈判的核心就是共赢。双方共同赚钱，双方各取所需，双方共担风险，这样才能让彼此更容易接受对方提出的条件。可以坚持，但不能固执；可以让步，但不能退缩；可以低头，但不能输阵。这些是付款谈判的不二法则，要灵活运用，懂得变通。在为自己争取利益时能照顾到对方的感受，在给对方建议时能合理规避公司的潜在风险，这才是一个有素养的专业外贸人员应该做的。

第七章
专业化跟进客户

学会拆解和量化日常工作
每一次跟进都要言之有物
客户忠诚度决定了业务天花板

第一节
细分目标客户

同一套打法无法适应所有客户，因此要深挖需求，细分客户群体，输出内容价值，做到言之有物。

一、同一套打法不能面对所有客户

相信许多做外贸的朋友都犯过一个错，就是用同一套打法去应对所有客户。很显然，后面的结果会让你十分失望。

美国客户喜欢的图案，欧洲客户未必喜欢。

德国客户选中的产品，日本客户对其却毫无感觉。

今年编藤家具在澳新市场热卖，但其或许在东南亚市场遇冷。

伊朗客户下了汽配大单，但在韩国市场也许颗粒无收。

因为不同的客户、不同的区域市场，其特点都截然不同。即便在某个国家内部，不同客户的情况也是大相径庭的。A客户把某款产品卖成爆款，B客户或许根本不需要这款产品。因为他们的定位不同，面对的消费者群体也不一样。

当你通过主动或者被动的方式获取到客户信息后，做业务的第一步就是开发。可你要清楚，开发过程是系统化的，并不是做了第一步就能见效。后续的跟进，以及根据具体情况所做的谈判方式调整，都必不可少。

这就像足球场上守门员的开球,可能直接踢到对方后场,可能踢到中场上一个不错的位置,也可能直接传给己方的后卫。其目的是什么?是组织一次进攻,做一轮配合。你什么时候看到守门员仅凭开球一脚就能将球踢进对方大门?这种情况就算有,也绝对是少之又少。

大家都知道每个客户的情况不同。所以第一次报价和开发前,大多数业务员必然做了充分的准备,做好了前期的调研工作。但是,后续的跟进同样不能盲目,也是要有针对性的,要根据客户的实际情况出发。

譬如,许多业务员在前期开发无果后,往往手中就有一个秘密武器,即主动降价。这一招也许偶尔见效,但不会时常见效。因为不同客户的需求是不一样的,要判断究竟是因为价格问题,还是其他问题而阻挡了谈判的推进。

可能是客户在第一轮报价后,还没做好筛选工作,于是没有回复。这时候,系统化提供信息和价值全方位展示我方优势、用样品作引导,这些方法都可以有,但绝对不能无理由地贸然降价。

可如果客户回复产品的价格过高了,这时候的跟进策略或许就是要分析我们产品的价格构成,比如为什么比同行略高;为什么我们认定这个价格是合理且靠谱的。此外,针对价格分歧,给客户做多套方案,对应不同价格,就成了接下来的打法。

在这里我要告诫外贸业务员,跟进客户一定要有自己的策略,每个步骤都要经过思考和推敲,从客户的反馈和自己捕捉到的信息出发,有针对性地进入下一轮的谈判,掌握节奏,这才是正确的做法。

同一套打法,无法面对所有客户,因此必须因地制宜,灵活调整。

二、细分目标客户,深挖需求

同一款产品是无法吸引所有客户的。即便产品再出色,再完美,也无法满足每个客户的需要。你觉得厨房里最重要的是烤箱,但或许你太太觉得洗碗机更重要。你喜欢穿西装去见客户,觉得正式且显得人有精神;而你的同事或许更喜欢休闲的卫衣,不想给客户带来强烈的距离感。

这些问题没有对错，也没有标准答案，只因为每个人的关注点不同，得到的结果也完全不一样。

你给德国客户写邮件的时候，四平八稳，把该说的内容都说透，哪怕只是跟客户通个电话，你都要做个详细的备忘录，以邮件方式传递给客户留底，并仔细确认是否有遗漏的地方。客户非常满意，连连夸奖你。

可同样的事情，你对伊朗客户做一遍，客户或许会觉得你很烦，总是长篇大论地浪费他的时间。他或许就会跟你说："兄弟，我相信你，我们用聊天工具和电话都可以沟通，就不用写那么长的邮件了。"

客户如此，客户的企业同样如此，只要是成功的企业，一定会专注于细分市场和产品定位，以满足不同客户的需求。譬如法国的美妆大牌欧莱雅，其旗下就汇集了欧莱雅、碧欧泉、兰蔻、赫莲娜等不同品牌线，用不同的功能和定位去应对不同的细分市场。

日用品行业的巨头宝洁（P&G），光是洗发水就有飘柔、海飞丝、沙宣、潘婷、伊卡璐等多条品牌线，突出不同的功能和价位，面对消费者的不同需求。

意大利奢侈品服装行业巨头阿玛尼（Armani），单是服装就有 Giorgio Armani、Emporio Armani、Armani Jeans、Armani Junior、Armani Prive 等多条产品线，从男装到女装，从职业装到童装，从高级定制到日常休闲，应有尽有。

我们之所以要细分目标市场，细分目标客户，就是为了专注于客户的痛点，要让产品和方案有针对性地满足一群人的需求，从而寻求订单和成交。

当客户对我们的推广没有反应时，就要反思，究竟是哪个地方出了问题，是不是方向不对？产品不匹配？还是推广的内容无法触动对方，没有找到客户真正的隐性需求？

案例 7-1 全新产品如何打细分市场

2021 年下半年，我们公司开发了一款非常有设计感的产品，它可以用作书架,可以用作杂志架,可以用作客厅或书房一角的摆件,也可以在一些艺术化的场合中展示。因为它的材质用的是透明的亚克力,设计师操刀将其做成了独一无二的水母造型,我们把它命名为PHILOTIMO亚克力水母杂志架(PHILOTIMO acrylic jellyfish magazine rack)。

当时我们信心满满,觉得这款产品足够好看,不论对国内市场还是海外市场,我们都有充足的信心去打开局面。于是我们拍摄了图片,做了精美的报价单,同事们踌躇满志,开始联系一个又一个潜在客户。

可结果却给了我们当头一棒,在海外市场除了少数客户有兴趣并下了小订单外,大部分客户都婉言谢绝了。国内市场也是如此,一个个订单在进展中,但没有达到我们预期的量。

经过深入了解后发现,这就是我们没有做好细分市场而引发的问题。

有客户表示,我们的产品很惊艳,但是跟他们销售的产品系列不匹配,不知道如何去协调。今年他们主推编藤家具,这款杂志架设计感太强(见图7-1),他们没找到究竟跟哪一组家具搭配比较合适。

也有客户表示,这款产品他们没想好怎么去推,也不知道怎么做营销方案,暂时没有更多灵感,因此无法将这款产品加入今年的采购计划。

图7-1　PHILOTIMO水母杂志架

我们随即改变策略，从消费者的使用场景入手，设想什么样的客户会有相应的使用场景，做用户画像，然后我们通过相应的客户调研，得到了以下的结论。

（1）喜欢带设计感的产品和小众设计师作品的消费者。

（2）新装修完房子，需要带设计感的摆件的客户。

（3）软装设计公司，在给客户做方案的时候可以加入这款产品。

（4）样板间的陈列。

（5）高级酒店房间内部摆放的杂志架。

以上结论一出，我们立刻调整营销和客户跟进策略，对于电商端的个人客户，要突出"设计感""样板间""小众"等关键词；而对于企业端客户，从酒店项目公司、设计公司和装修公司入手，果然取得了不俗的战绩，拿到了一部分订单。因为这次我们选准了细分市场，有了突破性的成果。

还有一次，我们给美国老客户寄了我们的咖啡杯碟套装（见图7-2），他非常喜欢，夸赞我们的产品手感很好、设计出众、其表面图案非常别致，档次很高。这个客户是星巴克在美国的供应商之一，有推动产品进入星巴克等大买家的采购渠道的话语权。

当我们在一次视频会议中提出，请他设法把这几组咖啡杯碟推到星巴克在北美的零售渠道时，他摇摇头，表示这类产品在美国比较小众，并不算大众产品，所以他个人比较喜欢，在家可以使用，但是他不认为这些产品适合美国主流市场，而是只适合一小部分消费者。

他表示欧洲和美国的情况不同，我们的杯碟系列在欧洲卖得不错，尤其英国客户特别喜欢，德国、法国、意大利客户也都给了高评价，那是因为这个产品符合他们的需求。欧洲人喝咖啡，主要是喝意式的Espresso，而胶囊咖啡机可制作Espresso、Double Espresso、Lungo，我们产品中的这个杯型都可以兼容。但是在美国不一样，美国人以喝美式咖啡为主，按照美式咖啡的容量，注定需要使用大杯，所以图7-2右边的马克杯，更适合美国市场。

图 7-2　PHILOTIMO 餐瓷系列

他一说我们立刻就明白了，我们没有在需求端做深挖，仅仅认为欧洲客户喜欢的东西，同样也适合美国市场。可事实上并不是这么回事，不同区域客户之间的需求是有差异化的。

这个事件给了我们很大的启发，当跟进客户无果后，就要认真想想，是不是方向错了？是不是我们没有找准客户的痛点？我们过往的经验是否用在对这个客户身上完全无效？是不是他关注和在意的东西不一样？是不是他的市场和定位有很大不同？

细分目标客户，可以从下面这十六个字入手：

深挖需求，放平心态，稳扎稳打，正常跟进。

三、针对性跟进，输出内容价值

足球运动的核心是控制中场。对中场的控制足够强悍，就可以反复尝试，组织一次次的进攻，不断给前锋和边锋传球，为临门一脚提供机会。

所以跟进客户绝对不能跟频繁催促混为一谈，而是要寻找机会，通过价值和内容传递来引导客户回复，把对方拉回谈判桌。

换言之，每一次的跟进，都应该离目标近一点，都应该是有目的性及做好充分准备工作的，而不只是随便问问。

譬如，我推荐了一套杯碟给意大利客户，并且提供了详细的报价单，也提供了相应的测试报告及优势总结，该做的几乎都做了，但没有下文，接下来要如何跟进？

我可能会准备打一整套的"组合拳"，有以下五种跟进方案。

方案一：针对性推荐。重新推荐几款我们新设计的、符合意大利审美风格的图案，看看客户有没有相关兴趣。

方案二：用样品推动。询问客户是否可以看一下我们的样品？我们对自家的产品有充足的信心，如果您看到样品，一定会同意我的观点。

方案三：分析当地市场。写邮件给客户，提供我们对于他所在的当地市场的竞品调研报告，分析其他热卖产品的款式和价格，以及和我们现有产品的差异，用数据来分析我们的价格和给客户抓取的利润，从理论上证明可行性。

方案四：控成本新方案。做一套新的方案，在包装等地方节约成本，把礼盒体积做小，以此节约包装和物流成本，再给客户计算，如果采用新包装，每套可以分摊到的海运费能下降大约多少，供他参考。

方案五：预约视频会议。跟客户预约一下视频会议，可以带他看一下我们的样品间和产品的生产流程，表现出我们对生产工艺和品控非常自信。希望能够跟他进行面对面交流，可以通过解决一些问题，把项目推进下去，我们有诚意跟他进行深度合作。

当然我们还可以根据实际情况，设计第六、第七甚至第八种方案，都没问题。只是在这里要注意的就是言之有物。每一次对客户的跟进，都必须提供扎实的内容，沟通是内容和信息的交流，是优势和价值的传递，要让客户有回复你的理由，哪怕是拒绝你都行，因为你还能从拒绝中找到原因。

第二节
量化日常工作

高效工作的前提是做好精确量化。学会划分优先级,把时间模块化,锁定更优结果。

一、把时间模块化

对于很多刚入行的外贸新人,可能在短期内很难形成良好的工作习惯,不论是前端的开发还是后期的跟进,他们都不会有太多经验。

在这个时候,就需要把日常工作量化,把时间拆分成具体的模块,制订相应的工作计划来引导自己一步步进展下去,才不至于手忙脚乱,不知道自己每天该干什么,或是东打一枪西打一炮,将结果弄得一团糟,最后连自己都不清楚一天下来都做了哪些事。

好比我们写书,大多数职业作家都会先完善大纲,然后具体安排时间,一个个模块地突破,一步步完成,化小成为大成,直到把整本书写完。也许你会说,也有很多天才作家不写大纲,不做任何准备工作,想到哪里就写到哪里。你说得没错。可问题是,你就能确定自己是那极少数的天才之一吗?

工作也一样,很多外贸高手,同样随心所欲,同样一团乱麻,同样工作毫无条理,但就是挡不住人家的业绩好,订单多,受到客户的爱戴。这是幸存者偏差,我们无法将小概率事件套用在所有人身上,这没有可比性。对于大多数人，我相信还是需要规范化工作的，应该做到按部就班有条理，量化日常工作，才容易产出更高的价值。

所以我的建议是，要先列好自己要做的事情，做好工作计划，然后按部就班地完成计划，并不断整改、修正，慢慢地你就能形成一套自己的工作习惯，这样做事才会事半功倍、游刃有余。或许在某一天，你会猛然发现，自己在一天内居然能完成如此多的工作，从而获得强烈的成就感。

我对新人日常工作的建议是"2-4-2-1-1"原则，是拆分成五个模块（见图7-3）。其中20%的时间用于开发客户，40%的时间用于跟进客户，20%的时间用于调查和了解各类信息，剩余的两个10%，分别是学习专业技能和提高谈判能力的时间。

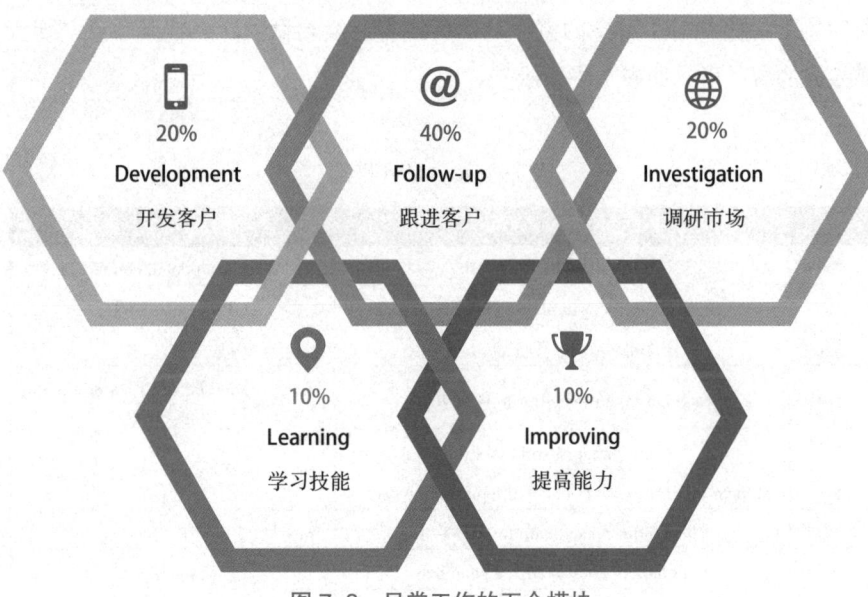

图7-3 日常工作的五个模块

当有了一定的工作经验后，业务员都会积累了一定的客户群，也会掌握各种好的平台和资源，而且自身的专业度和综合能力都得到了充分的提升，开发端的时间或许就会缩小到5%，多出来的15%的时间或许就放在了人脉

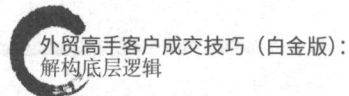

的建立和积累上。

因为当业务员在一个行业做久了,其专业、能力、语言和服务固然重要,人脉的价值会逐渐凸显,朋友多了,逐渐形成了一个圈子,相互之间的生意介绍和资源互补会迸发出极大的力量,形成良性循环。

二、安排工作优先级

当年我刚入行的时候,一般是这样分配工作的:每天上班的第一件事就是打开本子,翻看前一天记录的"明天要完成的事",提醒自己不要忘记;然后打开计算机,收进所有的邮件,大致浏览后,做好优先级分类;然后专门在待办事项清单(to-dolist)上记录一下今天要做的事情,做完一项,划掉一项;最后剩下一些相对不紧急的事,是明天或者后续要做的,再将其写到"明天要完成的事"里,如表7-1所示。

表7-1 to-dolist 模板

	Task	Comments
☑	Reply Jonathan's Email	Wait for updated comments
☑	Send out carpet sample to ABC Trading	Picked by DHL
☐	Make quotes for Kelvin	
☑	Send invitation letter to Henry	Henry replied he won't attend the fair this time
☐	Sourcing for hand tool kit	
☐	Call printing factory to re-check the packaging sample	
☐	Check offer recap again for Mr. Yeung	
☑	Send factory audit report to Jonathan	Finished
☑	Push Lynn for balancing payment	Email sent out but no reply
☐		
☐		
☐		
☐		

表 7-1 就是我自己做的 to-dolist 的一个模板，我工作这么多年，其实都在遵循这套内容。边工作，边执行，边去掉已经完成的内容，然后对于未完成的内容，继续备注，继续更改新的时间。

一切都是流程化、标准化的。也就是说，不管你做的是跟单员还是业务员，采购还是管理，都可以按照这个流程，一一执行下去。

要记住，工作永远是千头万绪的，我们要有能力分清轻重缓急，随时优先处理最重要且最紧急的事情，而不是被各种事情打扰，把工作得一团乱不说，还注定无法提高效率。

三、对重点信息要有敏感度

除了埋头工作外，外贸人还需要抬起头，去了解和接收外部的信息，不管信息来源于新闻，还是来源于潜在客户，都会成为你工作中的参考和判断依据。

我要告诫外贸人的是，不管每天多忙，你都要花时间浏览英文的新闻和相关信息，包括经济、贸易、金融方面的内容，不一定要很专业，但你要保持长期的灵敏嗅觉，一旦出现问题就会立刻知晓，并且提出应对策略。另外，这同样能够令你在潜移默化中提高英文水平和阅读能力，人为地创造了语境。

例如，你可能在 Fox News[①] 上看到这样一条新闻：国际原油价格暴涨，美国的高盛和摩根大通对市场前景表示担忧，远期依然看涨石油。

在这种情况下，如果你做的是塑料制品的出口，比如 PC、PE、PP、ABS 之类的相关产品，你就要很清晰地认识到，产品的价格要涨了，因为这些原料都来自石油提炼，大概率接下来你的产品的原料会涨价。

那你是否应该马上跟几个潜在客户谈谈，是否先下单备料，以使我方能够锁定原材料的价格？又或者应该下个大单，然后分批出货，以抵冲未来原料大涨带来的产品价格大涨？

---

① Fox News：福克斯新闻，在美国影响力较大。

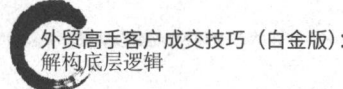

这些消息都是可以从网络上轻易获取的，只要你是有心人，就能看到很多别人看不到的东西，能想到很多别人没去想的细节。

多走一步，对重点信息要有敏感度，有自主判断和分析能力，这样你在跟进和开发客户的过程中，往往就有了很重要的内容，可以跟客户有探讨的价值。

量化日常工作，不是简单的"量化"，而是为了优化工作，以锁定更好的结果。

第三节
出手必须果断

畏首畏尾没有用，疑神疑鬼无意义，该出手时就出手，初生牛犊不怕虎。

一、效率第一，稳扎稳打

天下武功，唯快不破。

当别人还在犹豫和权衡的时候，你已经开始执行了，雷厉风行，往往会给客户留下深刻的印象。

开发过程中需要效率，需要在第一时间给客户回复，而跟进客户仅仅是缓步的内容传递。完全不是！业务员在跟进客户的过程中，内容传递和价值传递同样要快，不能以挤牙膏的方式，等待客户的回复，而是需要直接给出专业的方案，提供更多的信息和内容。

例如，我们从工厂获悉，客户的同行通过进口商下了一个大单，那具体是什么产品，什么价格，我们可以马上向我们的客户通知一下，询问他的看法，了解这款产品是不是如今在当地市场大卖？我们是不是也可以考虑立刻安排一个订单，哪怕是小订单，去测试市场？

又比如，针对一个项目我们两次报价无果，发现多个进口商渠道都在询价，这时就应该明白，很多同行都在争取这个机会，那就要立刻重新做方案，直接报出我们能做的最低价格，跟客户坦诚地谈一次，告知当前的情况和激烈竞争的现状，大家都把利润压到最低，去拼一下。

很多时候是由不得你去犹豫和等待的，机会瞬息即逝，错过了就是错过了，不会给你重来的可能性。

我们要专业化跟进客户，我们要量化日常工作，我们要言之有物，我们要对市场和行业的变化洞若观火，这些都没错。但是跟客户沟通和谈判、推动项目进展有个大前提，就是效率。即便你各方面的资源再好，条件再好，在信息不对称的时候，客户未必知道，也未必会耐心等你。

你错过了，同行会立刻补位。慢一步，带来的可能就是步步落后的局面。

二、门不当户不对，很正常

外贸行业，买手对供应商的选择是主观和客观因素的结合，是综合考量和权衡后的结果。这不像我们参加英文考试，你考95分，我考80分，你就比我强。在商场上通常是无法准确比较和量化的。

也许你作为供应商，公司做得比我大，平台比我好，价格比我低，但是我的工作效率、专业度、服务意识都胜过你，最后买手选择了我，这是稀松平常的。

买手不是机器，那他在工作中就不可能做到完全客观，对事、对人不免会带有一些主观色彩。哪些供应商他比较喜欢，哪些供应商本能地让他抵触和厌恶，都是人之常情。而我们要做的，无非就是营造一个有利于我们的场景，给买手们留下好的第一印象，让他们愿意给我们机会，才是我们跟进和开发客户的目的。

一个优秀的业务员，要像武侠小说里那种神秘的高手，在挥剑而出的一刹那，心冷、血热、头脑冷静；像金庸笔下的"重剑无锋，大巧不工"；像古龙笔下的"一招决生死"，让对方觉得你是高手，你很厉害，一出手就要震慑对方，让局外人看不透深浅。

业务谈判就是这样，如果对方看不透你的实力，摸不清你的底牌，那么这种神秘感的存在，在某种情况下会左右谈判的进程。在跟进客户的时候，要让他一直觉得你很专业，你知道他需要什么、什么样的价格适合他所在的当地市场当地的物流成本如何、你的产品在当地的零售价是多少，以及他所在国家的贸易法规和进口关税，他会很钦佩你，你会把你当作平等的生意伙伴来对待，进而跟你探讨项目，研究采购和推广方案。

案例 7-2 初生牛犊不怕虎

十多年前，我服务于一家美国公司，一次我在展会上寻找订书机的供应商。当然，那次我参展的目的只是想看看有没有新产品和新设计，找找灵感，并没有太大的采购欲望，因为主要的订单还是决定下给我的老供应商。

展会结束后，有一家上海的贸易公司联系我，他们的业务员写了一封开发信，说是在展会上拿到了我的名片。当然，我不可能有太多的印象，因为展会持续了好多天，其间见了太多的供应商。后来这个业务员一连发了四封邮件给我，介绍了他们公司、现有的市场和服务过的主要客户，随附了一些样品的图片，也推荐了一些产品，并主动提供了报价单。

说实话，我并没仔细看他的邮件，因为平时我收到的开发信太多，只要不是特别关注的事情，我都会归类到历史邮件里。但接下来，他差不多每两周都会给我推荐一些他们正在出货的产品，并且提供报价给我参考。尽管我一直没有回复，他还是坚持了两个多月，到后来我一看到这个邮箱地址，就知道又是他发的邮件。

两个多月后，美国总部让我采购一系列的美工刀，我还是习惯性地让老供应商报价，但也发了一份询价给这家贸易公司。因为他们的业务员给我留下的印象很深，而且他过去推荐和报价的产品里，在我印象中就有美工刀。

结果这家贸易公司的效率很高，当天就给了回复，同时寄了样品和他的名片给我。而这时候，我的几家老供应商都没有给出报价。

在看过样品后，我决定给他个机会，下了一个试单（Trial Order）给他：两千把美工刀，做三种颜色，25天交货。这时候，老供应商们的报价也来了，都比这家贸易公司高15%以上，在我给出目标价后，他们都表示做不到。

试单效果不错，这家公司如期、保质、保量地完成了订单，由第三方机构做验货，结果也是允许出货。有了这次顺利的磨合，我将后续十万把美工刀的正式订单也顺理成章地给了他们，因为他们的工作态度、专业度、效率、价格、品质，都让我很放心。

接下来，在我去他们公司拜访的时候，跟这个业务员见了面，得知他才24岁，刚过试用期。我很惊讶，一问才知道当时他们公司的老板和主管都不看好我的项目。他们觉得跟我只是展会上的一面之缘，因为我没有谈到具体项目，甚至都没有要求报价，因此谁都没兴趣跟下去。也只有这个刚毕业不久的新人，不断跟进，反复坚持，给我留下了很深的印象，结果他机缘巧合拿下了小订单，又进而争取到了大订单，使他所在的公司成为我们公司的主力供应商之一。

这个亲身经历的案例让我深有感触，年轻人就应该有冲劲，有初生牛犊不怕虎的自信，不要给自己找借口，全力以赴地去争取机会就是了！不要动不动就说客户差，不要动不动就说展会没效果，不要动不动就说垃圾询盘太多，其实关键在于个人能力和主观能动性。

不要担心客户是大买家，我们是小公司，因为"门不当户不对"，很难合作起来，会很难成交。实际上不是这样的。无数的过来人用自己的成功案例证明了，"门不当户不对"才是外贸工作的常态，小公司拿下大订单的案例比比皆是，就看你有没有这样的勇气，能否用自己的"十八般武艺"去争取了。

三、该出手时就出手

机会都是抢来的，该出手时就出手，不要想着守株待兔，机会能随时砸到你头上，现在没有这么好的事情。也许在很多年前，当竞争不充分时，外贸还有红利期，懒散的业务员都有客户送上门。如今情况完全不同了，几乎每个行业都处于充分竞争之中，必然造成优胜劣汰的结果。当你动作慢了，机会就将拱手让人。

我们都不是完美的供应商，每家公司都有这样或那样的问题，客户也一样。不要抱怨，要试着去改变，要反思和寻找自己的不足之处，好好想想为什么客户经常选择别人，而不是你？为什么好多项目到最后你都输了？除了价格以外，难道其他地方你真的做得无可挑剔吗？你应该怎样做才能吸引客户的注意力？你能找到客户的痛点吗？你曾经总结和罗列过自己的核心优势吗？

当你想明白这些问题，并在实践中付诸行动，订单离你就不会很远了。该出手时一定要出手，动作要快，不能犹豫，因为如果你慢了，机会就可能被抢走，客户不会无休止地等待，即便是你的老客户，也不会。

展会上的询价也好，日常的询盘也好，客户的任何疑问也好，你都要在第一时间回复并给出专业建议。不要问客户"这样做行不行？"，而要告诉他"我们有以下三个建议，您更偏向于哪一个？如果对我们的方案都不满意，请问您有什么特别的想法或者要补充的内容？"

出手要快，要化被动为主动，让客户跟着你的思路走，而不是挤牙膏式的一问一答，一直拖到客户没有耐心为止。

进攻是最好的防守，不是吗？当你一个一个地回答客户的问题，总会有漏洞百出和无法自圆其说的时候，或者到后来你直接被客户问到无话可说，那让客户如何相信你足够专业？如何相信这个订单下给你最合适？

尤其是老业务员，更要避免陷入习惯性思维的误区：一有询价就问详细资料，一做改动就向客户要样品，一被砍价就问目标价，客户一停顿就开始催促……这样一来，你凭运气获得的宝贵机会，都会因为你的"实力"而溜走的。

第四节
放下歧视思维

你永远不知道,眼前的客户会不会是你人生中的贵人。你永远不知道,下一个机会能否彻底改变你的职业生涯。

一、不要戴有色眼镜看人

当我们去商场购物的时候,如果营业员摆出一副看不起人的嘴脸,对你爱搭不理,你心里会好受吗?当你询问价格的时候,她皱着眉头,做着自己的事情,头也不抬,很不耐烦地回一句:"五千元,我们从来不打折。"言下之意就是,她不觉得你会买或者有能力买,这时候你会怎么办?

赌一口气,马上刷卡买下来,维护自己的面子?展示自己有经济实力?其实没必要,很多客户这时候会笑笑,无所谓地离开,大不了我去别家消费,不是吗?

这样换位思考一下,你就很容易理解客户的感受了。外贸行业也是一样的,我们也是在跟客户打交道,也属于服务型行业。很多客户没有跟你进展下去,谈几次就没下文了,或许就是因为他感受到了歧视。尽管事实上你没有歧视他,可只要对方有这样的感觉,你可能就会失去机会,谈判或许会立刻终止。

虽然很多业务员嘴上说对客户一视同仁,但真正做起来还是很困难的,或者压根儿办不到。譬如你今天收到七个询盘，其中两个是美国的，三个分别是德国、法国、瑞典的，剩下的两个分别是印度和国内一家贸易公司的，你会怎么回复？

我相信大多数业务员都会优先处理美国和欧洲客户的询盘，接下来如果有时间才会处理其他的询盘。因为在他们的潜意识里已经产生了一个想法：国内的贸易公司成交很困难，大家都是中国人，他们会漫天询价。而印度客户往往砍价太厉害，压价后订单基本上做不下来。欧洲和美国的客户相对而言情况可能会好些，毕竟是发达国家，对报价的接受度会高一些。

如果你这样想，那就大错特错了。

欧美客户的确整体上素质会好一些，给人感觉更专业、更可靠，但是一旦你用"等级"来区分客户，无形中也会错失一些机会。

假如我是那家国内贸易公司的员工，当我向一家工厂询价，结果对方爱搭不理，非常怠慢，发了邮件不回复，几个电话都催不出任何结果，语气态度都相当恶劣，我会有什么感觉？我一定会告诉自己，既然这家公司这么势利，将来我若谈下来客户订单，绝对不会下给他们。

所以，这个供应商在无形中就得罪了一个潜在客户，谁又知道这个客户的采购实力如何？有没有订单？这一切都是未知的。可一旦在谈判之初就给客户打上了标签，怠慢处理，由此造成的恶劣后果一定不会峰回路转。

我们中国人常说"和气生财""买卖不成仁义在"，这些我们千百年来信奉的商业规则，自有其存在的道理，如果我们能将其继承并发扬光大，我相信一定能提升国内整个外贸行业的层次和软实力，让中国外贸人赢得更好的国际声誉。

二、你永远不知道，谁是你的贵人

要尊敬客户，不论他持哪国护照，是何种肤色，都要用心和其交流，做到以诚待人，不能敷衍，不能怠慢。要知道任何一个客户，都有可能成为你的贵人，成为你人生中最重要的客户。

或许这就是做外贸最有意思的地方，你永远不知道，下一个客户会不会成为你的贵人，进而改变你的人生轨迹。正是这种不确定性，有如道路前方的一团迷雾，或许这才是这个行业最有魅力的地方。

大家习惯性地重视欧美询盘，优先处理，这也没错，毕竟工作有轻重缓急，做优先级分类很正常，毕竟事情要分步骤去做。可因此而放弃其他机会，不回复其他询盘，那就不对了。忙不是借口，每个人都很忙，时间是挤出来的，是由你自己分配的，千万不要全凭主观判断某些客户或者某群客户，不要觉得我的产品面对中高端市场，他应该买不起，或者他大概率不会买，可实际上谁知道呢？

因为这仅是猜测，而不是通过沟通、谈判以及详细调研后得出的结论。任何国家都有低、中、高端市场，任何市场都有不同层次的消费者。发达国家也有不少中低收入群体，发展中国家也有许多高收入人群。

就像美国有大型百货公司，有高档超市，而其同样也有各种小店、折扣店、平民商店和"一美元店"。还有阿联酋，迪拜是出了名的富裕城市，迪拜塔里奢侈品牌和一线大牌比比皆是，可首蓿巴扎和龙城市场这两个当地人批发采购的地方，就十分平价和亲民。

再看印度，其收入和生活水平与欧美发达国家差距不小，但是印度的中产阶级和富裕阶级的人数相当可观，市场潜力巨大，为什么我们要局限于"他们价格太低，所以我们做不下来"的思维死角？没试过如何知道？我们一个做机械设备的朋友，做的是整条生产线，她公司的两个核心客户都是印度的，这两个客户撑起了她整家公司的业绩。

固有思维的限制造成了大多数人的选择趋同，结果就是这条路无比拥挤，越往金字塔顶端走，越难抢到订单。比如美国客户的询盘质量很好，针对性很强，大家都抢着回复，拼效率、拼专业、拼实力、拼价格、拼服务……拼到后来就算抢到了订单，可能也只是一个很小的订单，付款方式又差，客户的要求又高，操作麻烦，利润还很低。

为什么不换个角度思考呢？同样一个询盘，由美国、德国、英国、法国发出去，可能收到100份报价单，你胜出的概率是1%；由东欧发出去，可能收到50份报价单,你胜出的概率是1/50;由中东或者我国港台地区发出去,可能收到20份报价单,你胜出的概率是1/20;由印度或非洲国家的业务员发出,可能总共就收到5个供应商的报价单,你胜出的机会直线上升到1/5。

用简单的概率统计就能知道哪个询盘你拿到订单的机会更大,当然是竞争对手越少,你的成功率越高。如果只有你一个人报价,客户只联系你,你们一对一进行谈判,你解决客户的问题,寻求合作可能,磨合彼此分歧,那最好不过了。

最要不得的,是我接触过的一些工厂的业务员,他们只回复欧美客户的询盘,客户还必须提供产品详细准确的资料他们才给报价,否则他们就认为客户没诚意,就直接忽略掉,当作没看见。他们宁愿每天上网、看电影、打游戏、在办公室聊天以消磨时间,做客服式的业务员,也不愿意主动一点,去争取和开发客户,我真心为支付他们薪水的老板们感到遗憾。

三、莫愁前路无知己

难走的路,才不拥挤。

订单不会从天上掉下来,都要通过时间和精力的付出才能拿到,通过给客户真正意义地解决问题。不要觉得对方怎么事情那么多,问东问西,订单都不下一个,然后就各种不配合,这只会浪费你自己前期付出的一切时间和精力。

很多时候需要沉住气,需要多一些耐心。就像我们在做一个相对重要的决策前,可能也需要很长一段时间去观察、去留意、去比较、去选择相对合适的方案。

客户也是如此,当他初次接触你的时候,必然有防备心,担心碰到了不靠谱的供应商,担心被骗,担心你的产品的品质达不到要求,担心沟通没在一个层面上……所以双方才需要反复谈判,多次磋商,一点一点地化解疑虑,磨合细节。

我们做的是传统外贸,要根据客户的需求提供合适的产品,要做定制化的方案，要突破重重困难才有可能拿到订单，而不是卖给客户一个标准化的产品。每个客户的需求不同，因此要深挖需求，要寻找痛点，要解决问题，要定制方案，要谈判磨合，这才是外贸人的正常工作。

只做一个客户和我方公司之间的传声筒，或者做一个顶着"外贸业务员"名头的客服，都是远远不够的，也不是客户想要的优秀供应商。

简单举个例子，大多数业务员都在跟客户强调：我们有优质的服务（good service）。那究竟怎样才算优质的服务呢？客户有问题，我们及时回复，算吗？客户说我们的样品有问题，我们同意安排重新打样，算吗？

这都算，但还不够，如果仅仅做到这两点，依然只是客服的水平，绝对不是顶级业务员的做法。这里面，同样是有标准作业流程的。

在我的理解里，优质的服务包含以下五个部分。

第一，解决疑问。
第二，处理麻烦。
第三，需求探讨。
第四，营销预案。
第五，深入合作。

而大多数人对于服务的理解，仅限于其一和其二。至于后面的三条，跟服务有关系吗？当然是有的。

我们可以换位思考一下，如果你是消费者，去一家餐厅吃饭，你问服务员："你们这里的招牌菜有哪些？"她回答："都挺好吃的。"你再问："有什么菜可以推荐吗？"她回答："我又不知道你喜欢吃什么，我怎么推荐？"

这就不仅是服务态度的问题了，这个服务员的智商和情商都有问题。大家先别笑，其实有不少业务员在面对客户的时候，沟通和谈判也采用的是这样的处理方式，毫无服务意识。

客户问，你们有什么热卖的产品吗？业务员回复，你要什么？发图片给我看看。

客户问，你能发给我一份你们的产品报价吗？业务员回复，我们有很多产品，请查看我们的网站，你选一下，针对选中的产品我再给你报价。

客户问，你们有没有电子样本可以给我看一下？业务员回复，没有，你可以去我们的网站上直接挑选，然后告诉我你对哪些型号有兴趣，我给你做报价单。

这样的服务水平，太低端了。用英文来说，就是"It sucks."为什么举吃饭的案例容易理解，换到自己的工作上，就接连不断地做这些蠢事呢？

可能你会说，我的老板就是这样教我回复的。公司的前辈、老业务员，就是这么处理问题的。我想说，他们这么做，不代表他们是对的。也许他们做外贸早，那时候竞争不充分，开发和接单没有像现在这么困难，而同行的水平和服务意识也不强，所以他们并不觉得这样做有什么问题。

可如今不同了，如今是充分竞争的时代，红利早就没了，取而代之的是优胜劣汰。你做得还不错，但是别人更出色，或许就把你比下去了。更何况，你用二十年前的老招数去面对如今的客户，老招数还会管用吗？

我们再看刚才的案例。换位思考一下，如果你是服务员，客户问你，你们这里的招牌菜有哪些？即便公司没有培训过你哪些是招牌菜，你也可以回复说我们店主打川湘菜，味道还是挺地道的，水煮牛肉、辣子鸡等都做得挺不错的。如果你喜欢吃鱼头，我们店的剁椒鱼头，卖得也挺好。

以上回复就很聪明，因为你不知道客户究竟是爱吃牛肉，爱吃鱼，还是要吃鸡鸭之类的。所以列举招牌菜的时候最好一下子涵盖几个门类。

若是客户再问，有什么推荐的吗？这种情况下，除了招牌菜之外，客户还想听听你的意见。那就可以趁势询问，不知道你们是喜欢吃辣的，还是喜欢吃清淡一点的？然后根据客户的回复，再有针对性地推荐。这样一来，你就完成了需求探讨的动作，有了腹稿，就可以做适当的营销预案了。

比如向客户推荐一个鱼头，一道海鲜，一份牛肉，两个冷菜，外加一道绿叶蔬菜，基本上就可以了。然后如果客户表示他不喜欢吃某道菜，就要立刻找到其他替代的菜，来进行补充。这里不需要你有多专业，只需要你根据客户的喜好，结合你自己的主观判断来推荐，这就显得非常专业了。

当客户吃完饭，你要上前询问是否需要打包，让客户坐在座位上等就行，你会安排买单，拿移动 POS 机过来，主动询问客户是否需要开发票，以及是否需要停车券，送上餐后的口香糖，这些额外的服务你都可以做好，甚至送给客户一张优惠券，以便下次来店吃饭的时候使用，这都是附加的服务，其目的是争取客户的好感，也争取让这位客户成为回头客。

这一系列的组合拳，就是服务端的内容。我们不需要事无巨细，让客户有心理压力，但是我们完全可以从几个维度进行优化。大家也可以思考一下，如何把这套服务理念应用到自己的工作中去？如何让客户喜欢和依赖你的服务，从而跟你的同行拉开差距？

外贸之路不好走，需要长时间的耐心和积累，需要学习和历练，需要反省和试错，才能坚持不懈地走下去。要相信"莫愁前路无知己"，要明白"风物长宜放眼量"，不计较一时一地的得失，不做毫无意义的抱怨，一定要从心态上摆正自己，对客户一视同仁，机会往往会在某个拐角出现，垂青于你。

第五节
提高客户忠诚度

转化订单不在于催促，在于互动和需求探讨。你刚好需要，我足够专业，忠诚度需要在合作中长期磨合。

一、转化订单不在于时刻催促

相信每个业务员都希望成交几个大客户，然后将其变成自己的老客户，变成公司的核心客户，每年服务好他们，就可以赚得个盆满钵满。

这里面牵扯到一个问题，那就是"客户忠诚度"，英文叫作 Customer Loyalty。客户为什么要选择你？为什么要把你作为主要供应商？为什么要跟你长期合作？

上述问题不仅是业务员有多专业、多努力、盯客户盯得多紧就能解决的，这关系到"互动"的问题，也关系到"价值"的问题。客户下单给你，一定是因为你合适，你让他觉得放心和靠谱。同样，客户转单，寻求跟你的同行合作，往往也有两个原因：一是你不够好；二是你还不错，但是你的同行更好。

而很多业务员容易沉不住气，客户下了一单后好久没有动静，就忙不迭地催促新订单，询问客户的采购计划，这不是聪明的办法。催订单，是需要铺垫且需要技巧的。客户没有立刻下单，一定有他的原因，我们要探寻其背后真正的问题所在,才可能有针对性地跟客户谈判,尝试解决问题,寻找突破口。

在这个阶段,仅靠催促是没用的,订单不是催出来的,而是谈出来的。

二、十大要素提高客户忠诚度

1. 沟通

在西方国家,人们习惯把 communication(沟通)这个词挂在嘴边,动不动就说良好的沟通(good communication),基本上就是指说话人对谈判很满意。这往往表示客户对谈判的结果满意,达到了他的预期。

不论是邮件、传真、书信、电话、见面、视频,还是其他各种聊天工具,都只是载体,都绕不开人与人之间的"沟通"。最早的时候,沟通是指"挖沟使两水相通",后来才引申出如今的含义。要使两水相通,就必须有挖沟这个动作才行。

我们做外贸也是如此,要想拿下订单,首先就必须通过沟通使得彼此之间有信任的基础,可以放下一些戒心,才有可能谈下去,进展到更深入的环节。在某种程度上,谈判只属于沟通的一部分。

业务员平时给客户报价、介绍公司和产品、与客户见面时的交流、节日时的互相问候,都属于沟通的范畴,要让客户知道:你在意他,也关注他的要求,你并非公事公办的脸孔(让人感觉没有情感和愉悦感,只是一台报价机器)。

业务员在开发和跟进客户时,沟通是贯穿始终的。说得直白一点,对待客户要有始有终,一直联系下去,一直跟进下去,这样生意才能长久,彼此之间的联系才会更多。

有一首歌叫《心与心不再遥远》,里面的词写得很好:

这世界曾有很多很多的冰川,人与人之间一度感到冷淡。当真情带着花信向你微笑,天地顷刻被阳光灿烂。别说我们之间有一片海,其实走近并不难。只要我们用信任织成海,心与心便不再遥远。别说我们之间有一座山,其实牵手也不难。只要我们用宽容筑成路,心与心将从此相逢。

沟通能破冰，能化解误会，能消弭隔阂，因此沟通一定排在提高客户忠诚度的第一位。

2. 互动

把沟通放在第一位，这当然没错，但沟通之后就需要互动。如果没有互动或者缺少互动，那说明沟通还不够，中间还有很多问题没有解决。

我们开发客户的目的是什么？近期目标是希望得到反馈，把项目和谈判进展下去；远期目标是希望拿下订单，获得利润；更远期是希望把客户做稳，将其发展成大客户乃至核心客户。

互动是非常重要的环节，也是跟进客户过程中必不可少的部分。如果没有反馈，很多业务员就会放弃，转而开发新客户、寻找新机会。这样做固然没错，但等于放弃了开发这个客户所投入的所有精力和时间，容易对业务员的信心造成严重打击。

所以我们才强调互动，不要等开发完客户后就不闻不问，被动等待客户的消息，这是错误的。我一直强调主动、主动、再主动，要尽可能换位思考，给客户好的建议，了解其真实需求，用专业的技能和良好的服务来征服客户，引导他回复你。

一旦业务员跟客户接触多了，双方会时不时地讨论新项目，会就某些细节交换意见，会交流新产品的进展和老产品的销售情况，彼此之间的联系会越来越深入，而不只是表面上公事公办的客户和供应商。

业务员要跟客户拉近关系，慢慢建立起客户忠诚度，这一步必不可少。

3. 专业

专业不仅是对产品和行业的精通，也是全方位展示个人能力和个人魅力的良好契机，相当于一个业务员的软实力。

只要客户觉得你够专业，就会对你们公司有不错的印象，很多事情就更容易谈下去，他也愿意提供更多信息来跟你交流。只要你们能保持沟通，一直有互动，那距离正式的合作就并不遥远了。

在合作的过程中，用心解决问题，给客户四平八稳地安排出货，自然有很大的机会争取返单，这就是一个时间和过程的问题。

很多人会问：怎样让自己变得专业？

针对这个问题，我可以用一句话回答："全方位提高技能，提升情商，构建自己的软实力"，仅此而已。

4. 诚信

不管是做事还是做人，诚信是取得对方信任的根本。

业务员要诚实，而且要守信，答应对方的事要尽可能做到，做不到的时候也要有担当，承担自己应该承担的责任。每个人都会做错事，但只要不是原则性错误，一般客户都是会谅解的。

相比不犯错误的人，那些犯了错误但勇于担当、为人诚实守信的业务员更能给客户留下难忘的印象。业务员在做生意时用些小技巧、小手段无可厚非，谈判中同样尔虞我诈，但重要的是不能忘本。

在外贸行业里，要让客户对你忠诚，诚信是绝对不能丢弃的，在任何时候都不能！

而我在这里把它放在第四位，是有原因的。因为如果没有前面的三项，即沟通、互动和专业，那么客户又如何知道你的良好品质，赞赏你的诚信呢？只有先认识你，了解你，进而被你的诚信所打动，才是建立长久客户关系的不二法则。

5. 产品

做外贸离不开产品。目前中国的外贸还是以出口产品或原材料为主，做的是实实在在的东西。

所以我个人认为，广义上的产品，指的就是业务员所销售的东西，不论它是有形的，还是无形的。

既然做销售，就必须对自己的产品相当了解、非常精通才行。如果客户比你还懂你的产品，那么在他看来你属于一问三不知的业务员，他怎么能放心跟你合作？

若产品有特别的卖点适合客户所在的市场，或者产品有独特的地方不容易被别人轻易复制，那就更加理想了。

6. 实力

实力包括两个方面，一个方面指公司的实力，另一个方面指个人的实力。

一家公司如果有一定的历史，有自己的工厂，有大样品间，做过很多大买家，能灵活接受各种付款方式，那么这些都是公司实力的体现，而且是真正的硬实力。

尤其是一些欧洲国家的客户和日本客户，特别喜欢"老字号"。如果你的公司有几十年历史，甚至是"百年企业"，那就要好好突出这个强大的优势，因为它可以吸引很多客户，争取到不少机会。

个人实力，更多的是指个人的业务能力和诚信的品质。当公司和个人实力都达到一定程度的时候，就会发生强大的化学反应，不是一加一等于二这么简单，而是一加一远远大于二。

7. 价格

要把客户沉淀成老客户，使之能够跟你长期打交道，价格是其中一个绕不过去的问题。

并不是说价格低就好，而是价格要合理，且要稳定。比如今天你报价 1 美元，客户表示需要商量和讨论，结果三个星期后客户在下单时居然被告知现在产品的价格是 1.5 美元，客户怎么高兴得起来？

尤其对于大买家和专业客户，都是大公司，有固定的流程，包括整套的系统化作业，这些公司的价格谈判都需要一个很长的有效期，比如一年，甚至两年。在这个基础上，需要维持恒定的价格，以便让客户从容地做出决定，从而根据每年的销售情况来安排采购计划。如果客户打算促销，还可以追加紧急订单，而不用每次下单都要在价格上重新谈判，那样会严重影响客户的销售策略。

所以，价格问题往往也是一个公司实力和专业度的体现。如果是工厂，要能很好地控制管理成本和各项支出预算，给客户长期的价格有效期；如果是贸易公司，要能控制住合作工厂和下游供应商的报价，这样能够赢得客户的信赖。

另外，要想成为客户的核心供应商，进行长期稳定的合作，即便产品价格不是最低的，也必然是公道合理的。你们公司的综合能力要强，价格方面也绝对不能太弱。

8. 记忆

这是对于业务员的要求，也是必不可少的一项技能。你必须清楚记得与客户谈判的过程和细节，比如你最早是如何接触到这个客户的，当时你们谈了些什么内容，价格怎么样，客户有什么偏好和特别的要求等。如果你不能准确地记住，就必须借助于笔记本，将其完整详细地记录下来，便于你在后期跟进的时候通过这些记录唤起你之前的那些记忆。

很多时候，客户会接触形形色色的供应商，对你根本就没有印象。如果你能提供一些细节，让客户准确地想起他在某个时候跟你的谈话或者谈判的细节，就会拉近彼此之间的距离，将谈判进展下去。

业务员要有良好的记忆力，如果记忆力不好，就要勤记笔记，一旦你需要寻找以前的内容时，随便翻一下就可以抓取其中的关键点。

假设有一天，你在展会上见到一个客户，你能第一时间回忆起上一次展会或者前几次展会上也见过他以及当时你们聊的内容，那么这个客户或许会一下子对你好感大增。

9. 灵活

做外贸，不能死板地局限于现有的产品、现有的品质、现有的付款方式、现有的公司规定等，只要不涉及原则性问题，一切应该都是可以通过谈判灵活变通的。换言之，所有的政策（policy）都可以更改。

这往往对业务员的要求很高，他们的思维要灵活，能根据客户的要求量身定做不同的方案，能针对不同的客户和不同的市场提供不同的产品和服务，能给出专业和良好的建议，这也是一个优秀的业务员应具备的基本素质。

比如品质，即使你的产品很好、品质一流，但是其价格比客户的预算增加了几倍，客户肯定不会考虑，你也将失去这个客户。为什么我们不能稍作修改，把方案做些改动，想办法降低各种成本和费用，以达到客户的要求呢？

再比如付款方式，很多供应商坚持30%的定金，而且发货前收进所有款项。这对于供应商是保障，但是客户会接受吗？事实上大多数客户都不会同意用这种付款方式的。因为这样的话，客户将承担所有的风险，这完全不符合西方"平等"的商业惯例。

你为什么不能和老板商量一下，以使付款更加灵活呢？比如信用证、见提单复印件收余款、中信保谈谈保险的问题等，都是可以有效解决这类问题的。不要偷懒，也不要用这是我们公司的规定（This is our policy）这类答案来回答和搪塞客户，那样你会失去很多机会的。

10. 售后

每个业务员都知道售后服务，但是我相信90%的供应商都做不好这一点。因为利润太低，因为客户的拼命砍价，因为同行的竞争，许多订单一开始报价就不可能含有太高的利润，这就意味着售后服务的质量开始缩水，甚至根本没有售后服务。

但是问题来了，即便是再好的工厂，谁又能保证自己的产品100%没有问题？如果一出问题就不管，一有索赔就不问，你如何能把小客户做成大客户，再把大客户做成老客户？这显然是不可能的。

所以，对于业务员来说，不仅要专业，要有良好的服务意识，也要有强烈的危机处理意识。一旦发生问题了，怎么办？一旦需要索赔了，该如何处理？这些都应该是一个训练有素的业务员的基本素质。做生意要有预见性，要想象得到可能发生的问题及问题一旦发生后的应对策略，这样在事情发生的时候，你才不至于手忙脚乱、手足无措。

售后服务同样是商务谈判的重要模块，谈判的原则同样是"双赢"，业务员既要降低自己公司的损失，还要让对方有赢的感觉。

在完成前面九个要素内容的同时，继续做好这最后一条，就如同临门一脚，能大大提升客户的"忠诚度"。

三、解决问题更胜于甜言蜜语

我曾经写过一篇文章，叫作《买手如何选择供应商》，站在一个在外企工作多年的采购经理的角度，给了外贸人一些逆向的信息和思维方式。

客户为什么选择你，而不是你的同行？或者说，客户为什么下单给别人，而没有下单给你？

很多业务员打心底里，就有一些固有的思维误区："别人的价格比我便宜""我的报价没竞争力""我们不是工厂，客户要跟工厂合作""别人的公司支持力度更大，我的老板对我的支持不够""我的运气一直不佳"……

这一系列的误区，就是在"找理由"，在为自己的无能找借口。为什么你就不能承认，是自己不够好，是自己技不如人呢？为什么所有的原因和责任都是别人的，都是运气所致，都跟你自己没有关系呢？如果真的是因为价格不好就没订单，那么我国香港和台湾地区的贸易公司，是怎么活下来的？为什么没有全部倒闭？

这些公司都没有特别好的价格，价格往往还比我们高不少，那人家是如何接单、如何开发的？如何做到让客户信任的？这不明显是皮包公司吗？为什么还能维持不错的利润，为什么这些外贸人还能混得不错？不要抱怨怀才不遇。你偶尔混得不好，或许是怀才不遇。但如果你长期混得不怎么样，那就是你的能力问题了。所以你才要学习，才要打破一些误区，才要改变思维定式。

我曾经在全球最大的贸易公司——香港利丰工作过多年，我从很多高管和同事身上学到了不少东西，其中最重要的一条就是：长期给客户解决问题，传递价值。

他们会说甜言蜜语吗？当然会，只要是正常人，都会奉承，都会拍马，都会开玩笑，这很正常，但这绝对不是他们的核心竞争力。他们的工作往往是从客户的需求和痛点出发的，能提供专业的意见及多种解决方案，让客户信赖，让客户依赖。

在众多潜在供应商中，买手如何挑选合适的供应商，进而下单跟其合作？我们有三个维度的内容，可以供大家参考（见图7-4）。

第一个就是safety，安全。要知道，不管你的价格有多低，你有多了不起的优势，买手选择供应商，首先衡量的第一标准，就是你是否靠谱，跟你合作是否安全。

不要觉得产品的价格低，就有订单，这件事没那么容易。有时候，产品

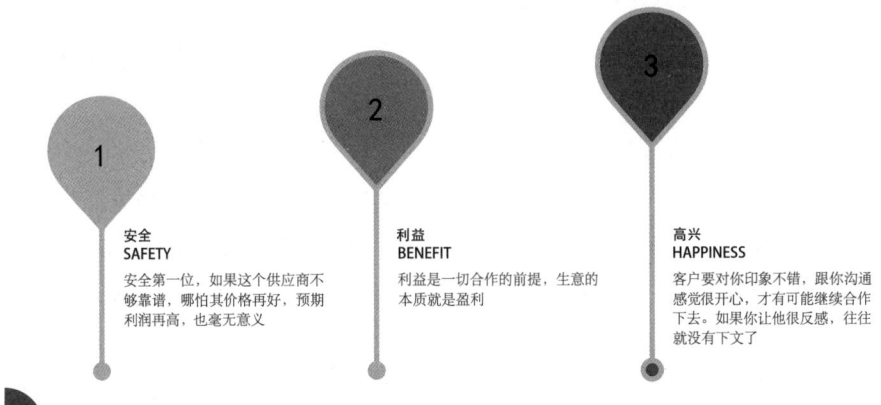

图 7-4 选择供应商的三个因素

的价格太低了，反而会让对方心生怀疑，成为阻挡成交的一个重要原因。

比如在疫情期间，客户对口罩这类防疫用品疯抢，报什么价格的供应商都有。但是其中能拿下订单的，往往是各方面综合素质还不错的供应商，而并非产品价格最低的供应商。我当时囤了一批 3M 牌的 N95 口罩，其单价差不多 20 元一个。有好几个老客户想要这款产品，即便我手里就剩几百个了，他们都想买来自用。但是最终我还是没卖，因为在这个阶段报什么价格都不合适，后来我免费送了一批医用外科口罩给他们。

在这期间有一个老客户跟我说，有个供应商报价每个口罩 0.8 美元，而且是 3M 牌的 N95 口罩，他根本不信，怎么可能那么便宜，而且货源还充足，可以接受上百万件的订货，听起来很不真实。他觉得这类供应商要么是以次充好，要么就是以骗定金为目的，不可能真的有货，至少不可能有正常的货源。

供应商一再解释，他们这是库存货，是以前囤的货，所以只挣 10% 的利润就行，不赚黑心钱，给客户回馈，价格特别便宜。但是没用，客户是真的不信，你报的价格越便宜，他越不信。其原因就是，当价格低到离谱，让对方觉得安全部分出问题了，客户也害怕出事，他觉得因为不安全，所以便宜，因此未必会下订单。

我还有一个亲身经历的案例，很多年前我的一个同事给一个摩洛哥客户报价，当时一套电锤的价格是 380 美元，客户也没说贵或者便宜，就是随便砍了砍价格，结果我的同事马上降价到了 320 美元。

客户吓了一跳，怎么那么便宜，竟然一次可以降价 60 美元？于是他就找借口，说要看样品，我的同事很爽快，寄了样品。客户拿到样品后，找了点借口，说别家的价格比你家低很多，他马上再降价，报价 300 美元。这时客户又找了其他借口，说电锤的某个地方有问题，有个细节做得不太好，我的同事继续降价，报出了 280 美元的低价。

这下客户无所适从了，于是玩起了消失，邮件不回，电话也不接。我的同事跟进了几次后，没什么效果，他觉得应该还是价格的问题，认为这个订单需要靠继续降价推动一下，于是他直接写邮件降价，将价格主动降到了 265 美元。

这时候客户回复了，给出了目标价，说如果你们将报价调整到 250 美元的话，我就下单。结果我的这位同事居然果断答应了，说 250 美元可以，我做报价单给你，你安排支付定金吧。

这么一来，客户反而又不淡定了，他心里会想：我随便给个目标价，你那么爽快地接受了，说明这个报价还有不少水分，肯定不能下单。但是已经给出了目标价并被接受，理论上就没法改口了，怎么办呢？于是客户继续找碴儿，说他们不会支付定金的，要求做 OA 45 天的付款方式。

这回我的老同事不答应了，这不行啊，于是他就跟客户一通好说歹说，要求对方付 30% 的定金，余款见提单复印件付款。客户说，采取这样的付款方式他们的财务成本很高，还要承担风险，因此价格再便宜一点吧，240 美元，才能按照你说的付款方式下单。

结果我的老同事又答应了，同意接受 240 美元这个价格。大家猜猜看，最终的结果如何？公布答案，这个订单最终没有成交，客户还是消失了。原因就是，他觉得你作为供应商不够实在，通过这几轮谈判摆明了你就像个骗子，可以一次次毫无底线地降价，而且一谈就降价，当不理会你时，你还会主动降价，这说明你是不靠谱的，你对自己的产品没信心，对价格也没信心，甚至你所做的一切都是为了让客户下单和支付定金，在客户心里，你的安全这个环节已经出了大问题，让他有很深的疑虑。

所以一旦碰到这条红线，即便其他方面你都做得不错，对方也不会下单，不会跟你合作的。安全，一定是首要的。买手筛选供应商的基础，就是安全。

我们作为业务员，一定要对此十分警惕，要让买手下单，要能够合作起来，这第一步，也是最关键的一步，就是要让客户觉得你足够靠谱。这是"道"的层面，所有的"技"，都要围绕这个基础来展开。只有当别人信任你时，你才有机会展示，才有机会继续探讨和谈判下去。

再看第二点，利益。当建立了信任以后，利益就是第二个需要考量的问题。当客户下单给你时，他当然会衡量他可以挣多少钱，可以获得多少利润，这是买手的工作职责。

但是要注意获得利益的大前提是什么，是"同等条件下的最优选择"。比如你是大公司的业务员，他是一个自由职业者（SOHO），你的报价是30.75美元，而他的报价是36美元，客户的零售价是119美元。

在这种情况下，客户会下单给谁？这里牵扯到很多因素，比如信任，比如业务员的个人能力，比如沟通的过程和细节，比如样品的确认和其他开发因素，等等，还有客户的主观判断。

但是大概率你占据优势，因为相比小个体户，通常大公司更靠谱，这也是买手的一个考量。在其他条件接近且维持一定利益的情况下，适当的一点小小的差价，对客户来说问题并不大。因为买手并非一味地追求利益最大化，而是在合理的条件下，尽可能地最大化利益。

这就好比我去买一个充电器，充电器在官网上的价格很高，但是其他小商家的价格便宜了一百多元，我会选哪一个？我会选择从官网购买，虽然价格贵一点，但是官网上的产品最靠谱、最安全，因为品牌自营店自己卖假货的概率很低，在靠谱和安全上，相对于价格略高，我是可以接受的。

做外贸也是如此，如果你的价格略高，但是只要你更靠谱，跟你沟通更顺畅，客户觉得你更专业，觉得你的公司更实在，在这一些其他的原因，是可以让他接受利益上的少许受损的，客户是愿意为了大西瓜而舍弃小芝麻的。

这就是为什么我国香港地区的贸易公司明明从你这里采购,再报价给客户,比供应商的报价贵了20%,但是客户依然愿意下单给他们的原因。为什么你价格便宜不少,还是抢不过这家贸易公司?很多项目依然会跟丢?难道客户不知道,直接下单给供应商可以挣更多的钱吗?为什么还要下单给贸易公司?

原因就是,利益的确很重要,但是在客户的大利润面前,你的价格贵一点,还是便宜一点,差距并不算太大,在很多时候是可以接受的。只要其他方面的优势让他觉得有价值,更靠谱,更安全,更专业,服务更好,效率更高,这就够了。

比如你在回家的路上,想喝可乐,你在家门口的便利店里买了一罐,花了3.5元,你毫不介意。你难道不知道,超市里的可乐更便宜,只要2.5元吗?你知道,但是你无所谓,因为你不用花更多时间大老远跑去超市,就为了买一罐可乐。

而客户选择供应商,同样也为了能省心省力,也会根据具体情况来判断。客户选择你,你就一定要有让他可以说服自己的理由,为什么要找你?为什么要下单给你?为什么客户愿意接受你比别人更高的报价?

这些都是业务员需要思考的问题,我把它称之为软实力(Soft Strength),我们可以把它跟第三个要素结合起来看。

第三个要素,就是高兴。谁都喜欢在工作的过程中能感到开心和舒适,谁都不想憋着一肚子气,带着情绪去工作,去生活。

比如你去三亚旅行,两家度假酒店都还不错,其中一家的价格是1200元一晚,另一家的价格是1500元一晚,两家酒店在硬件等各方面的条件都差不多,你也都可以接受。那在一般情况下你会考虑先体验1200元的那家。因为在同等条件下,或者接近的条件下,人们会选择价格更有优势的产品或服务,这是人之常情。

可如果这家酒店的服务很差很烂,卫生工作做不好,你让服务员送几瓶水到房间,都等了超过一个半小时。你在前台办理入住和退房,服务员的效率很低,一排队就是一个小时起。而且服务员都是面无表情的,给人感觉非常冷漠，对顾客漠不关心，这样的消费体验，你会满意吗？

估计你会在心里抱怨：不会再来这里了，便宜没好货。这就是你在这一刻的心态。如果在这时候，另一家酒店表现得特别热情周到，服务到位，你一到酒店就不用在前台排队，服务员直接领你到房间，服务员随身带着刷卡机，一对一地直接到房间给你办理入住，然后向你介绍房间的设施和功能，然后给你的孩子准备好欢迎礼物，你是不是对这家酒店就有了不错的印象？

如果在你入住的过程中，这家酒店将各种细节做得十分到位，从卫生打扫到你的任何疑问都能给你满意和迅速的处理，你这次消费的体验就会非常好。或许你心里就会想，这家酒店挺好的，明年来度假还是要住这家酒店，它让你觉得高兴。

你高兴了以后会怎么办呢？你会觉得，这家酒店虽然贵了那么一点点，但是它的服务真好，真贴心，令你非常开心，你享受整个过程。你以后可能还会再次光顾，这就是返单（repeat order），它在互联网电商领域叫作复购。你同样有可能将这家酒店推荐给你的朋友，口口相传，给这家酒店打广告，这就为其带来了良好的口碑。

要知道，即便你的公司还不错，即便你的产品还不错，即便你的价格还可以，但是对于大部分客户，只要你的产品不是特殊到你是独家，客户都不会愿意花钱买罪受。

所以，一个很现实的问题就是，你要先让客户感觉安全和靠谱，然后让客户感到跟你合作是有利可图的，最后让客户对你印象不错，喜欢跟你打交道，能因为你出色的软实力而信任你。

在综合考量下，客户才有可能提供一部分机会给你，你就能够接到订单。

再多的甜言蜜语，在生意场上根本不管用，因为这些都是锦上添花的东西，而不是核心价值。你的核心价值，永远是挖掘痛点，给客户解决具体的问题。

第八章
外贸漫谈

跨境电商能取代传统外贸吗？
大量制造业工厂外迁，怎么办？
接下来的外贸形势，究竟会如何发展？

第一节
跨境电商与传统外贸

一、跨境电商会取代传统外贸吗

对于这个问题，我相信大多数从事外贸或者与外贸相关行业的朋友们都会有疑惑。因为身边太多的信息，互联网上太多的信息，让大家难以分辨，甚至无法判断。

谁做了亚马逊，去年的销售额上亿。

谁启动了虾皮（Shopee），每月的订单接到手软。

谁布局了抖音短视频国际版（Tiktok），小黄车天天爆单。

……

各种身边的故事，口口相传的成功案例，不免让很多外贸人开始疑惑，难道跨境电商是未来的风口？是更高级别的外贸模式吗？未来会不会像5G取代4G那样，传统外贸彻底被跨境模式颠覆？我们是否应该及时切换赛道，放弃传统外贸，全面升级成跨境模式？

再加上互联网和风投赋能下，各地政府的政策扶持下，跨境模式突然间被众人追捧，谁都渴望成为下一个希音（SHEIN），谁都希望在一夜之间一举成名天下知，谁都期待通过几年的打拼就能完成在传统行业几十年的积累。那跨境电商是否还在风口上？它真的会取代传统外贸吗？

我先公布以上两个问题的答案：是的，跨境电商如今依然是风口。但是跨境电商绝对无法取代传统外贸！

原因很简单，我举几个案例，大家很轻易就能明白，这是两种模式，在未来会共存，但是谁都无法取代谁。这就好比当年电子商务发展起来后，很多人开始担心互联网会彻底打垮实体经济，而这完全是杞人忧天。没有实体经济，互联网就是无根之萍，无法独立存在。同样，没有传统外贸，跨境电商将完全无法支撑，这是现实。

假设法国的某个服装品牌联系中国杭州的某家成衣工厂，要求对他们的新款设计进行打样和报价。杭州工厂直接表示拒绝："我们不做传统外贸，不做代工，不给客户开发，要么就是采购我们现成的服装，直接下单批发，要么就不合作。"大家觉得，这可能吗？

再假设，一家美国连锁咖啡店想在中国采购一批保温杯，他们在美国完成了设计，希望让中国东莞的工厂进行代工。东莞工厂断然拒绝，表示他们的保温杯在美国有海外仓，可以给客户批发价，公司是做跨境电商的，只卖现货不做代工和开发。大家想想，这荒唐吗？

还假设，日本某家小众设计公司，专门做设计感强的手机壳，他们有自己的独特元素，效果特别惊艳，受到许多消费者的追捧。这家日本公司平时都下单给中国昆山的某家工厂。突然有一天，工厂告知客户，我们不接外贸订单了，我们全部改为跨境电商模式，我们网店上有一百多款手机壳，你喜欢就直接买，数量越多，折扣越大。大家认为，这现实吗？

如果跨境电商真的可以取代传统外贸，那就意味着全世界的消费者只能购买现货，再也没有代工，再也没有给客户开发这回事了。于是全世界就变成了：中国人做什么产品，我们便只能买什么产品。可事实会是如此吗？当然不是。

跨境电商是"卖货"，卖的是现成的产品。传统外贸是"签单"，卖的是未来的产品。

跨境电商是先生产和备货，等接到订单后就发货。

传统外贸是先谈判和沟通，拿下订单后再生产。

今天美国消费者需要一个充电宝，他可以在亚马逊美国站花20美元买一个，七天内，亚马逊的当地仓库就可以把这个充电宝快递到他手上。因为中国供应商使用了海外仓，把这批货发到了亚马逊仓库，只要客户一下单，美国仓库就可以直发。这样做既提升了效率，也减少了国际段的物流成本，这就是跨境电商的一个案例。

某个德国家电产品连锁店想要采购一批充电宝，于是买手联系了中国深圳的某家工厂，在看过现有的产品和相关的测试报告后，经过几轮的打样、谈判、报价和细节磋商，终于选定了某款充电宝，最终下单3000个。产品使用这个家电连锁店的品牌和包装设计，并将其做成客户需要的专色的，打上商标，安排海运至德国，然后进入中央物流仓库，再分销到各个门店进行零售，这就是传统外贸的一个案例。

未来，传统外贸和跨境电商一定是两者并存，相互影响的。谁都改变不了谁，谁也取代不了谁。

无须担心传统外贸会消亡，我有充分信心，只要人类社会存在，就一定存在比较优势。只要比较优势存在，贸易就会存在。只要贸易存在，传统外贸就会一直发展下去。

二、两者背后的不同技能树

因为传统外贸和跨境电商是两个完全不同的领域，好比计算机的硬件和软件的跨度这么遥远，其所需要的技能树以及日常的工作，是截然不同的。

在此可以尝试理解一下两者的路径差异，如下所示。

> 传统外贸：业务、跟单、出货、单证、风控、售后。
> 跨境电商：选品、平台、上架、运营、出单、发货。

从大的路径来看，两者完全不同，侧重点也不一样。

传统外贸最难的地方，是第一个环节，也就是"业务"，其包含了开发、调研、谈判等一系列工作，费时费力，而且成功率并不高，转化一个订单是非常困难的。我把它比喻成在足球比赛中，要进一个球非常艰难，但是那种成功后的喜悦感同样无可比拟。

而跨境电商侧重的是运营层面的工作，从业人员需要会使用各种工具，需要分析数据，需要了解竞品和市场趋势，需要选合适的平台上架产品，需要做引流的动作和关键词的布局，需要解决发货端和物流端的问题，需要研究和分析复购率，而这些技能往往是传统外贸人所不具备的，如果没有经过全方位、系统化的学习和试错，传统外贸人很难把跨境电商做好。这就好比篮球比赛，偶尔拿一次篮板或者进球很正常，难的是如何一次次组织进攻和防守，连续得分，连续防守，以获得整场比赛的胜利。

前者是沉淀积累，后者是爆品战略，两者背后是不同的技能树，没有好坏或者优劣之分，只看你对哪个领域感兴趣，想在哪个行业深挖。

就我个人而言，我的经验都在传统外贸端，若要迁移到跨境电商端，不是不行，但是我相信即便付出更多的时间和努力，也未必取得多大成效。既然如此，这些年我依然坚持在我的赛道里深耕，没有贸然进入另一个行业。当然，我也采用间接的方式，通过合作成为跨境电商公司的供应商，借助跨境电商公司在运营和营销上的力量，来完成品牌出海的动作，这就是另一个故事了。

三、品牌出海的想象力

很多人会问，这些年全国各地政府都有政策出台，支持跨境电商项目和相关企业，甚至有很多的电商产业园趁势而起，这又是为什么呢？难道仅仅因为如今这个行业炙手可热？

既对，也不对。

说对，那是因为跨境电商的确还处在风口，后续还有长期的发展，以及我们意想不到的模式变化，都有可能。5G和互联网技术的变革，带来了短视频和直播，能够全方位助力于跨境电商。未来会不会有更厉害的技术发展，没人知道，一切皆有可能。所以在这个赛道上，即便如今大量竞争者入局，我相信未来依然还有很大的空间。

说不对，那是因为大家只看到了眼前，看到了相关的产业发展，看到了消化产能的一个方向，但并没有看到更广阔的机会，没有展开更多的想象。

在我看来，政府全力支持跨境电商产业的发展，甚至将其作为外贸改革的其中一个方向，自然有其道理，有深远的谋划。这里，我的理解就是四个字：品牌出海。

大家可以设想一下，在过去没有跨境电商的时代，我们自己的产品和品牌，是没有太多机会让海外的终端消费者看到的。美国消费者在主流的商场和百货公司购买的服装、工具、家具、日用品、小家电中的大多数都是欧美品牌的产品，即便这些都是中国制造的，我们也只能挣到低廉的代工费，所有的产品设计、开发、渠道、品牌、外观、专利，等等，都掌握在外国人手里。

换言之，我们越努力工作，美国企业家越富裕。这就是产业链条所决定的，我们完成了低利润的制造环节，他们通过国际分工，通过品牌占领用户心智，封锁了中国企业获取高利润的机会。

我们的产品不错，能否用自己的品牌去打国际市场，比如直接在美国销售，将我们的产品、我们的品牌、我们的设计，直接卖给美国消费者，可以吗？当然可以，但是除了极少数的大公司，一般的中小企业是办不到的。

正是因为跨境电商这种模式的出现，让"品牌出海"这件事起了化学反应，有了一个超级大的想象空间。因为它可以让你绕过欧美的进口商和零售商，直接到达终端消费者！

例如，你们公司是深圳一家做充电宝的公司，过去你们做美国市场唯一的出路就是接美国客户的订单，用他们的品牌，用他们的包装，按照他们的要求做说明书，你没有任何主动权，哪怕你价格高一点，客户都可以转单。因为你有无数同行都在"嗷嗷待哺"，等着客户下单，他们都愿意用更低的价格抢走你的项目。

那时候，你可能以 8 美元的单价供货给美国某个大牌，然后这个大品牌在美国的零售价是 89.99 美元，这是一个让你无比眼红的价格，但不好意思，利润都是别人的。

如今的情况变了，或许你通过阿里巴巴或者亚马逊的平台，配上精美的视频、图片和文案，甚至结合直播，使用你公司自己的品牌，将产品直接卖给美国消费者。因为你的产品不错，外观炫酷，工业设计很扎实，包装也好看，美国消费者很喜欢，你电商平台上的销售额一直很高，就形成了正向循环。

　　当美国的实体店、电器卖场、大型超市的买手留意到这款产品，就会直接找你谈是否也可以给他们供货，又或者直接买断你在美国几个州的经营权，做特许授权（Franchise）[①]。于是你就成功通过 C 端的手法，倒逼 B 端的订单，还可以不做贴牌，因为已经经过市场验证，这样就真正做到了品牌出海。

　　如果你玩跨境电商的水平再高一点，你还能够联动社交媒体，能够在领英（LinkedIn）和照片墙（Instagram）上面输出内容，逐步炒热话题，甚至让一些海外的博主或网红给你带货，引爆某个现象，然后再带动你电商平台上的大卖，进而反向推动消费者对你的产品和品牌的认知，这时大买家出于利益考虑，都会选择低头来找你合作。

　　若是再高级一点，你给不同的网红博主专门设计专款产品，甚至做联名品牌，双方深度合作，那就更容易吸引到对方个人 IP 下的粉丝群体。这个量级就令人更加难以想象了，其商业价值会变得巨大无比。

　　这个话题如果继续展开，我相信我能重新再写一本书了，出于篇幅考虑，这里就只能点到为止，大家可以继续展开想象。

　　品牌出海，在过去只属于大公司的布局，如今大量的中小企业都有机会从中分一杯羹，也都有机会让自己的产品和品牌在国外主流市场出现，这是不是让人兴奋不已？

　　[①] Franchise：特许授权。相当于客户跟供应商谈判后，在某个领域或者区域市场拿到独家销售方案。

第二节
人口红利削弱与外贸工厂外迁

一、不要过度担心人口红利的问题

最近几年相信很多在外贸一线打拼的业务员很有感触，客户开始逐渐下更多的订单到南亚和东南亚的企业，如今的价格谈判和接单难度都在增加。

既然如此，大家都在担心一个问题，未来我们的人口红利逐渐消失后，我国在传统外贸领域会不会被东南亚等海外国家所取代？如今相当一部分的服装、鞋帽、家具等订单已经有转移的迹象，曾经在长三角和珠三角红极一时的港资和台资工厂，其中有不少在这些年已经进行了迁移，这一切未来是否会成为一个主流现象？这些工厂搬迁了之后，还能回来吗？我国外贸人的竞争力如何保证？

对于上述问题，外行看热闹，其对很多内在的问题不理解，也没法想明白，这个我理解。但我们属于一线的外贸人，如果也秉承这种思维方式，那就要检讨和反省，说明你平时不动脑筋，容易被各种片面信息所影响。

要知道，中国最大的优势并非人口红利，而是全产业链。这是我们的核心竞争力，也是区别于全世界其他国家的超级优势，不管是发达国家还是发展中国家，我们在未来短期内都无法有挑战者。

的确在过去，中国企业的发展，是走了人口红利这条路，利用低原料价格、低成本人工，制造低附加值产品，挣辛苦钱，用低成本人工、长工时和环境污染为代价，给发达国家打工。

这个阶段是中国外贸发展的初级阶段。我们通过出口大量的低价格产品，提高了发达国家民众的生活水平，让他们可以从容地享受低物价带来的购买力增加和幸福感增加。那时候，一流的高端制造业在美国和西欧，二流的中端制造业在日韩和我国香港及台湾地区，我国沿海的工厂开始承接真正的苦活累活，挣到了宝贵的外汇，可以支撑国内经济和产业的发展。

接下来，随着国内外贸行业的发展，带动了一大批产业的发展和配套工厂的起步，逐渐完善了整个链条。譬如广东佛山出现了家具工厂，其附近就自然而然地出现了配件工厂、管件工厂、木料工厂、五金件工厂、皮料工厂、纺织厂、印染厂、塑料厂、模具厂、印刷厂、电镀厂、纸箱厂……越是复杂的产品，上游供应商就越多。

而中国民营经济活跃度是很高的，一旦有完善的上游供应链，拥有大量熟练的技术工人，就会有更多的工厂冒出来，就会在一个区域内形成产业集群。

有了产业集群后，必然会产生一些头部企业，它们自然而然就会去突破更复杂的技术，做更复杂的工作，也会汇集资金和人才，去攻关高端制造业。这就是中国外贸发展的中级阶段。

因为很多企业老板挣到了钱，开阔了眼界，也知道我们跟欧美一流的制造业的差距在哪里之后，自然会选择奋起直追，不断在技术上完善和突破，在人才上招揽和培养，于是这些企业逐渐有能力跟欧美企业进行直接竞争。经过这十多年的发展，我们逐渐拥有了全产业链，拥有了联合国工业门类的所有大类、中类和小类，甚至全世界独此一家，别无分号。

在这种情况下，大家还认为欧美客户会因为中国人口红利的削弱，而把订单转移到其他亚洲国家吗？

只要你有基本的外贸行业常识就会明白，根本办不到。假设今天美国大客户要下单60万条牛仔裤，一个月内交货，谁能做到？只有中国工厂，因为它们可以调动一个区域里无数中小工厂的力量，可以通过几家大公司牵头，分流订单，做供应链管理，大家一起拿下订单，准时交货。

大家会发现，每年当苹果要上新款手机的时候，都是富士康最忙的时候，工人加班加点，在深圳和郑州的工厂全面开工来保障在交货期内交货。内行看门道，手机生产的背后是无数的配套工厂，无数的上游配件和产业链，这才是最厉害的地方，虽然有很多元器件来自海外进口，但是大部分元器件都是由中国生产的，都来自我们神州大地的无数供应商，这才是我们真正不可替代的核心价值。

苹果能搬走整条产业链吗？可以，这在理论上能做到。但是这背后，要耗费多少时间精力，要花费多少金钱，还需要多少政策支持和熟练工人，有多少物流的管理和仓储的问题要解决？这绝对不只是迁移一家工厂，而是迁移一家工厂的同时再弄走一万家配套工厂的事情。

商人逐利。现实中，我看到的是，大量的跨国公司依然全面看好和布局中国，因为人口红利只是一小部分优势，全产业链才是我们的核心竞争力。

二、全产业链的威力势不可当

什么是全产业链？我简单举个例子，大家就会理解。

假设广州的一家工厂打算开发一款电钻。这款电钻如果要生产出来，究竟需要多少配件呢？可能需要模具工厂开模具，需要塑料工厂提供注塑的外壳和其他塑料配件，需要五金工厂制作金属配件，需要小五金工厂提供螺丝，需要电镀工厂对金属部分做电镀，需要钻头工厂提供钻头，需要电机工厂提供马达，需要锂电池工厂提供电池包，需要充电器工厂提供电源充电器，需要包装厂制作说明书、标贴、吊卡、彩盒，需要纸箱工厂提供瓦楞纸箱……

而所有的这些工厂，这家广州的电钻工厂都可以在方圆一百千米内找到，这就是全产业链的威力！如果你的产品的其中一个配件要向美国进口，另一个配件要向德国进口，需电镀时要送到日本去电镀，还有些配件要从韩国采购……这种真正意义上的万国造，会把供应链条拉得太长，效率和产能就一定起不来，产业会受到极大的限制。

案例 8-1 越南工厂有限的价格红利

我在美国公司工作的时候，我们有一批户外家具下单给越南的一家美资工厂。的确，越南的人工成本会便宜不少，而且当地的木材价格很低廉，整体算下来产品的成本比中国制造要低 20% 左右。对于这样的家具项目，20% 的成本节约是非常可观的。

可在跟单过程中，我发现了各种不顺利，一个个问题都随之浮现。

首先是产能，越南的工人的确远不如我国珠三角的熟练工人，工作效率差别太大，还不容易管理，120 个工人的日产出还比不上一家只有 40 人的东莞工厂。

其次是配套，工厂附近没有任何电镀厂，需要千里迢迢赶去河内市或者胡志明市，找电镀厂安排电镀。结果用了好多天时间，最后发现那边工厂做的产品的品质不过关，美国这边无法接收，没办法，只能出口到中国广东，做好电镀，然后再将这批货物进口回越南。

再次是交通，这个案例的产品需要临时修改标贴，附近同样没有工厂，又要开好久的车派人赶去胡志明市，找那边的印刷厂做。结果我们赶去后发现，标贴上需要覆的一层膜没有覆，因此达不到客户要求。那时候我们已经订舱了，只好临时取消，派中国员工带着标贴直接飞去广州定做标贴，两天后做完，再带着这些标贴飞到越南，又开车无数个小时回到工厂，才能重新贴标贴。

最后是基础设施，越南的交通网络和水路、陆路运输都比我们差了一大截，这不是短期内能追赶的，千头万绪的事情，有钱都未必能办到。

这么一来二去，这个订单中的产品最后还是发到美国了，比交货期延迟了整整八周。最终的成本，核算下来只比中国工厂便宜了不到 5% 而已，客户却差点连销售季都错过了，美国门店都准备直接打折促销了。

大家想想，当价格差距不大的情况之下，有必要冒险转单吗？一边是成熟的供应链，大概率可以稳定交货；另一边是各种不确定，延期多久还要看中国配套供应商的配合程度，这就真的风险太大了。

可以说产业链和配套越完善，管理效率越高，成本自然是往下走的。

而南亚和东南亚国家，除印度外以小国为主，其人口和市场规模受限制，根本无法承受大量的制造业转移，它们不仅产能无法跟上节奏，物流能力和基础设施水平远远落后于中国，缺少熟练工人和配套供应商都成问题。在这种情况下，单有的人口红利毫无意义，因为其无法全方位激发价值。

三、低端制造业的转移会是大趋势

既然如此，哪些产业链还会继续转移呢？一般而言，以低端制造业为主，低附加值、劳动密集型、对于价格波动十分敏感的企业，是会考虑迁移到人力成本更低的国家或地区的。

这就是为什么我们平时在飒拉（Zara）的门店里，看到很多衣服和鞋子都是越南、巴基斯坦、柬埔寨、孟加拉国、印度尼西亚等国家生产制造的。因为这些普通的服装，工艺并不复杂，也不需要多么强大的上游供应链，大家都会做，也没有多大的难度，所以这些国家的服装鞋帽产业自然就能发力。

但是复杂的服装呢？比如花纹复杂的线衫，比如羊毛、羊绒的服装，比如工艺复杂的羽绒服，比如高品质的风衣，这些产品中除了一部分在欧美国家完成外，大多数品牌依然会选择由中国生产，因为其产品在品质和供应链方面更靠谱。

低端制造业的转移是一个趋势，很多低附加值的企业是注定需要被分流到更低生产成本的国家或地区的，产业一定需要下沉到更适合自己的地盘去生存，这是经济和资源流动的必然结果，强行通过贸易壁垒去保护并不利于企业的长期发展。

这并没有什么好担心和纠结的，一部分企业离开，自然会有一部分企业补位。我也坚信，再假以时日，我们中国的高端制造业，可以有能力敲开一个口子，去参与更加精细的国际分工，去赢得更多的利益和价值。

就像在当年的深圳，大量的低端制造业企业开始迁移，令很多外贸人失去信心，开始怀疑深圳电子产品的竞争力，也对未来感到迷茫。我在那时就断言，用不了几年，深圳一定会进入高附加值的技术型制造业的时代。

结果大家都看到了，深圳发展总部经济，加强创新和研发，许多供应链放在了"隔壁"的东莞、中山、惠州，广东制造依然是中国制造的品牌之一，并不会因为人工成本的增加而全面溃退，其只会不断往更高端、更复杂的技术型制造业进军。

当年火过一阵的山寨机产业逐渐消逝，取而代之的是华为、OPPO、VIVO、一加等优质本土手机品牌的崛起，而且大量的配件供应商都在这个产业带上，造就了全球智能手机行业的生产基地和大本营。

想想二十年前的功能机时代，摩托罗拉和诺基亚在国内企业看来是不可逾越的高峰，几乎垄断这两个品牌中高端市场，我们只能做一些低价格的国产手机，连日韩品牌都打不过。可如今呢？没有贸易保护，没有贸易壁垒，在纯粹的市场竞争下，中国企业在智能手机时代全面发力，真正做到了中国创造、中国设计、中国制造和中国品牌卖全球，甚至带动了一大批配件供应商，成就了多家独角兽企业。不得不说，这就是全产业链下资源整合的力量。

至于特别落后和低效的产业，随着我国沿海省份的发展和人工成本的增加，自然而然会往内陆省份迁移，甚至往东南亚迁移，这是一个必然的现象，而且在短期内不可逆。

第三节
行业和选品的权衡取舍

一、任何行业,都是二八定律细分

我总被朋友问到,如今入行外贸,究竟应该选什么品类?

每次碰到这个问题,我都不太想回答。因为我的观点自始至终都是一致的:任何行业,都是二八定律细分,并不存在特别好做的行业。

金融好做吗?金融非常火爆。但是在金融行业人人都能挣大钱吗?这不现实,依然是少部分人挣大钱,大部分人辛苦打工。

律师好做吗?那是当然的,我们看到大律师手中案子无数,他们社会地位高,收入高,但是你没看到的是,更多的法律从业人员的收入也只是一般水平,真正高收入的只是个别现象。

运动员好做吗?不好做,他们非常辛苦,训练强度很大,压力很大,大部分运动员无法在竞技体育中获取名声和地位,自然挣不到什么钱。但是同样有极少数的成功者,获得了体育上的成功,进而在商业上大有斩获。

服装行业好做吗?太难了,库存量高,退货率高,要反复打版,不断推陈出新,客户的要求和审美还在不断变化,同行内卷又超级激烈。但是依然有一些企业能够打磨出核心价值,成为网红品牌,并能做出爆款产品。

外贸行业同样如此,一个产品处于风口的时候,在短期内会有无数同行涌入。因为在信息时代,不可能出现一个只有你知道而其他人都不知道的挣钱产品，这不现实。你知道了，几乎等于无数外贸人也知道了。这时候，有些人会迅速执行，做这个产品；有些人会观望一下，看看别人做得怎么样，然后再决定要不要杀进去。

这就注定了风口的时间一定会很短，这个窗口期很有限，然后会迅速变成一片红海，变成充分竞争。因此，大多数人的商业嗅觉本来就不够敏锐，那就别想着去追风口，去找什么产品好做。任何产品都需要深挖，才有可能做好，这要求你的专业度和认知水平一定要超过大部分人，仅此而已。

在热门行业中挣大钱的人也是少数，大多数人都是陪跑和看热闹的。冷门行业虽然客户少、机会少、订单少，但是竞争对手同样也少，照样有人能做得风生水起。

大家想想，上海是中国经济的中心之一，但你去上海就能成为大亨吗？就能拿到高薪吗？未必。大多数人依然属于工薪阶层，依然享受着普通的工作和生活。中国西北的某个小镇，或许你都没听说过，这个小镇的经济发展水平当然远不及上海，但是在那里照样有富人，照样有人找到利润不错的行业。

所以，二八定律才是大家需要考虑的。不管你在什么行业，只要你是那20%中的一员，你就一定能做出成绩，一定能收获价值，一定能获取高额回报。

说句心里话，外贸行业和产品的选择，如果认真推敲的话，还有一点点技巧。就是你在选品的时候，还是要尽量偏向于货值高的产品和行业。

假设你是做文具的，可能一个订单几千美元或者一万多美元，涉及多家工厂，跟单工作无比琐碎。别人做家具，也许一个订单就是十几万美元甚至几十万美元起步，而且可能是一个单品，这能一样吗？

当然不一样，两者花在开发、谈判、转化订单的时间上是差不多的，跟单付出的时间、精力相差也不会太大，都是一整套标准作业流程，但是货值的高低，决定了订单金额的高低。更高的天花板，自然有可能获取更高的收入。

二、跨境电商的选品策略

跨境电商的选品有其独特性，不能用固有的思维来分析，有一条独特的技能树,在这里给大家拆解一下。不要总想着以运营的思维去选品,你能想到的,其他人也想到了,要换一种方法,站在消费者的角度去探讨背后的路径。

当你作为消费者在网上购物的时候,你的使用习惯是怎样的?

一般而言,你有两种购买方式。

第一种,针对性购买。比如你特别喜欢 PHILOTIMO 品牌的丝巾,你觉得它好看,品质很好,价格也完全能接受,送人和自用都很合适,也许你会在天猫或淘宝搜索关键词"PHILOTIMO 丝巾",从而选择合适的款式下单。

第二种,随机性购买。比如你今天看抖音短视频或图文时,偶尔看到一款咖啡杯,觉得它很精致,你很喜欢,你觉得可以送给下周要过生日的朋友,作为生日礼物。这时候,当其价格在你的预算之内,你可能就会付款购买。

以上购买方式中第一种是有针对性的,针对具体产品或者品牌的关键词,进行有针对性的搜索,这样的购买是有迹可循的。因为你在购买之前,有清晰的目的,即想要买什么,你才会去有针对性地搜索并且选择,然后实现下单的动作。

第二种是随机性的,你本来没有买这个东西的打算,甚至没想过今天要买什么,因为你正巧看到某款产品让你有兴趣,你才会去想用不用得到、使用场景是什么、要不要下单购买。这里的逻辑是先让你看到,从而激起你的兴趣,再进行订单的转化。

当明确了两种销售路径后,你就可以根据自己的优势来进行选品和布局。第一种,就是根据市场趋势和产品的热门度进行分析,做好运营工作,挖掘和探寻有可能成为爆品的类目,再物色合适的供应商,下单生产,然后进行上品和推广。

如果你想做第二种,也可以,那你就要设法解决消费者的某个痛点,然后通过内容输出的动作,放大这个痛点,并且提出解决方案,从而形成订单的转化,引导客户进行付款。

譬如我曾经买过一个肥皂盒,它的价格并不高,大概十多元人民币,但是我一看到那个短视频,立刻就下单付款了,为什么?因为这个产品解决了我的某个痛点。我平时经常出差入住高档酒店，囤了不少大牌的肥皂。但是肥皂这东西使用起来有诸多不便，比如肥皂盒里的积水需要经常清理，这些肥皂扔了可惜，使用起来又没有洗手液方便，就会被束之高阁。

但是他们的这款产品，肥皂盒有一个坡度，可以立在水池边，使用肥皂后肥皂盒里的积水都会由于地心引力自动流到水池里。这个设计立刻解决了人们平时摆放肥皂盒的不便，消费者自然直接购买。

底层逻辑一旦清晰了，如果你想做跨境选品，应该就可以根据实际情况来分析是走第一条路，还是走第二条路了。

三、传统外贸的选品思路

传统外贸的选品跟做跨境电商的选品，是截然不同的。在这里，你要推翻寻找热门产品的想法，专注于深挖核心价值。

按照我的观点，就是在两端中你至少要靠一端。

要么你在客户端有优势。有客户的支持，你可以根据客户的产品导向，去物色和积累供应商，将其逐渐培养成你的核心供应商。然后依托这个客户的产品，完善和发展你自己的品类。

要么你在供应端有优势。可能你并没有现成的客户，但是不要紧，你过去做陶瓷产品好多年，积累了不少工厂资源，这里面有几家供应商的产品过硬，这些供应商的老板跟你的私人交情也不错，他们拍胸脯保证：一定支持你，给你最好的价格，提供免费的样品，还保证品质和交货期的稳定。这种情况下，你有优质的供应链，那就解决了后顾之忧，可以大展拳脚，将精力更多地投入在客户开发和谈判上。

所以传统外贸的选品是绝对不能一拍脑门，随意选择你觉得可能有机会的产品的，进入一个完全陌生的行业是不可取的。因为每一个行业的水都很深，试错成本和时间成本都会很高，甚至高到令你无法承受。

围绕任何产品都有一些积累多年的老外贸人。你想想，当你贸然进入一个全新的领域，凭什么认为你有实力跟这些在这个行业里扎根多年的老外贸人同台竞技，甚至打败他们呢？

  这就好比你是滑雪运动员，练了十年的滑雪，小有成绩。你凭什么认为，如今你不想滑雪而改练滑冰就能取得更大成功？为什么有这样的自信，觉得自己改练滑冰，就能打败滑冰行业里那些有着长期积累的运动员？

  针对以上问题如果你能想明白，就应该理解对于外贸的选品，只有两个方向可以选择。要么以客户端为导向，要么以供应端为导向，不要让自己的一腔热血白费。

  当然，两者兼备自然是更好的。

第四节
透过现象看本质

一、爆买背后的虚弱

对最近这两年的特殊情况,相信广大外贸人都有感触。在2020年的第一季度,我国的外贸出口订单出现了断崖式下跌,统计数据无比惨淡,很多小伙伴陷入迷茫,不知道后面会怎么样。当时我断言,从2020年的第二季度开始就会全方位回暖,并且在米课圈写了详细的分析文章,后来的事实证明我是正确的,2020年二三季度的国内外贸数据的确再创新高,很多外贸人接单接到手软,都感慨好多年都没有遇到过这种情况了。

但相信大家心里都明白,这是因为海外的供应链受困于疫情的全面影响,无法开工,无法正常交货,从而让海量的订单高度集中到中国内地,造成外贸行业繁荣的景象。然而这种局面随时都有可能发生变化,因为海外供应链会恢复,大家在恐慌下的购买现象会逐渐消失。

2021年下半年,我再次告诫外贸人,2021年四季度的数据可能会出现下滑,大家要特别做好风险控制。因为很多订单(如服装鞋帽和一些低附加值行业)可能会出现客户违约,而很多项目和机会也会随之失去。结果居然又被我这张"乌鸦嘴"说中,不少外贸企业从2021年的四季度开始,订单逐渐下滑,一直到2022年的第一季度,依然是不温不火,没有太大的起色。

这时候，大家可能想问：问题出在哪里？中国的供应链依然如此，并没有说因为几个月内多了大批同行而变得竞争更激烈了。海外产能的恢复是没错的，但是全世界都需要中国的产品，为什么很多外贸人都感觉最近客户没动静，他们下的订单变少了？

我的理解是：爆买背后，一定会出现一阵停滞，需要一个时间段来恢复。

整栋楼或者整个小区会被管控，居民们便会未雨绸缪，购买更多食物和其他物资。

也许他买了一百斤大米、三十斤面条、二十箱矿泉水、一百桶卷纸，还有其他食物和生活用品。这些东西他真的需要吗？其实是需要的，只是他把未来的订单集中在了一个时间段内，加大了采购量。

结果如何呢？结果就是，不管你所在的小区后面会不会因为疫情变化而纳入管控范围，这些物资都已经足够他消耗几个月了。这也就意味着几个月内你的生活物资的消费会大大降低。

我们想想，为什么从2020年到2021年，外贸订单会多得不得了？海运费一路涨到一个从未见过的可怕价格？原因就是供应端和需求端出现了失衡。大量的客户眼看着货架上的商品减少，仓库里的库存降低，运费和其他成本一路涨价，产品一路涨价，会怎么办？

买手的心态开始有了变化，他们变得越来越着急。然后一接触供应商，发现如今订单数量超多啊，交货期要那么久，价格还贵了那么多，而且运费还在一路上涨。买手们尝试着下了订单，结果由于供应商的订单爆满，交货期一再推迟，货代又多次甩柜，好不容易等货到美国后，目的港清关还无比缓慢……

这时候买手们会怎么办？采购货物的难度增加了，那他们的选择就是果断继续下单，多囤积些后续要销售的货物吧，谁知道后面的情况会如何？海运费会不会继续涨？产品和成本会不会继续增加？没人知道，所以趁能买到的时候，赶紧多备点货，有备无患。

买手甚至会想，一个供应商不安全，两个供应商说不准，那我就多下一些订单，分几家下单。要知道，人的心态是会随着市场行情的变化而变化的，当身边的人都在囤货，都在拼命下单，眼看着海运费一天高过一天的时候，大多数买手的选择就是：追加订单。

结果就会在短期内迅速增加不少虚假需求，从而在若干个月后导致海外的仓库爆满，产品过剩，于是后续的订单就会迟到。

当你想明白这些原因，或许我们就可以理解，这个结果就是供给和需求的变化所带来的。在产品的供应量不足时，客户爆买，当客户对产品的需求量增加的时候，会出现什么情况？许多供应商开始增加产能，扩大出口，然后又逐渐变成了供应量过剩，需求增长没那么快了，价格会再次出现回落，内卷会更加严重。

因此爆买背后，就会出现一段时间的调整期。

二、中小外贸企业的机会

相信很多朋友看到这里会说，那是不是我们应该离开这个行业，换别的呢？是不是今年外贸行业的机会很少，不适合继续深挖？

我的观点是：越是大环境不佳，中小外贸企业越有机会。

这里需要从思维层面，讲一些比较深入的分析了。

我相信从业多年的老外贸人会有感觉，就是大多数的客户，包括专业客户和大买家，其供应链相对都比较稳定。

对于大量的中小外贸企业，贸然开发这些大客户和优质客户的成功率非常低。因为他们会告诉你，我的现有供应商很棒，我没有换供应商的打算。他们会跟你说，别联系我了，请把我从你的发件人列表里移除。甚至大多数时候，石沉大海，毫无进展。因为这类买手是没有去了解你的紧迫性的，他的现有供应商很好，产品很好，价格很好，实在没动力也没兴趣跟你接触。

这就好比阶级固化一般，在一个非常稳定的局面中，流动的空间是很小的，上升的渠道很窄。当客户跟其老供应商的合作很稳固，交情也不错时，我们无法有更多的机会去挖墙脚，去争取一些订单，虎口夺食太难了。

可一旦外部经济环境变化，他们牢固的合作关系就有了不少裂痕。在客户看来，老供应商已经不再是过去的"白月光"了，价格开始大涨，交货期开始不稳定，过去顺利的合作开始出现一道道裂缝，客户就会向外求，就会重新找货源（sourcing），重新寻找供应商和比较价格，重新确认样品，重新物色备选供应商，甚至尝试小订单的合作和测试。

这是很简单的道理。譬如你平时都在小区门口的水果店买草莓，其价格也许是50元一斤。在某天晚上你突然发现，楼下水果店的草莓要80元一斤了，其价格涨幅高达60%。你一问得知，是因为进货价提高了，最近货源不充分，所以价格走高。

在这种情况下，或许你就会考虑多走几步，去小区北门的另一家水果店看看。结果你发现了品相差不多的草莓，还是来自同样的产地，但其价格只需要60元一斤，你可能就会尝试在这家水果店下单，抱着试试看的心态。

通过这个生活中的小案例就可以发现，这就是买手的思维方式，当老供应商基本稳定，价格基本上没有大波动，产品的品质也不错，在合作中没出现什么异常状况的时候，客户的忠诚度往往会很高。即便其他供应商用报价便宜5%来抢单，也未必能推动客户转单，因为稳定高于一切，买手不愿意冒险，也没必要冒险。

可若是外部局势的变化，让这些客户原有的供应链变得脆弱，甚至千疮百孔，老供应商手里的订单开始摇晃，不再是十拿九稳的时候，我们这些竞争者的机会，是不是出现了？

三、尝试在这个阶段打开局面

一旦你明白了这些道理，知道在这个阶段反而应该加大开发动作去寻找新的机会，去设法激活大量的潜在客户，才是正确的。

过去联系过的客户、没有进展下去的客户、同行的优质客户、合作过但没有进一步合作的客户、正在合作的客户、深度合作的客户，都可以挨个去谈，寻求打开局面及展开进一步合作的机会。

那对于曾经拒绝过我们的客户，如今的陌生开发，应该怎么做？厚着脸皮贴上去不怕再次被拒绝吗？会不会令客户感到尴尬？别担心，这时候可以用四个步骤打一套组合拳。

> 步骤一：做好调研工作，分析客户的采购情况，研究同行的产品和定位，找客户的痛点，提炼总结自己的优势。
>
> 步骤二：肯定对方的选择和决策，夸奖他的老供应商，然后站在对方的立场上，分析从买手角度看更有利的选择是什么。
>
> 步骤三：适当埋下伏笔来引导对方回复，为下一轮沟通和进一步展示自身特点做好准备。
>
> 步骤四：用第一封邮件尝试推动，然后根据情况制作和搭建 Mail Group，进行专业化内容渗透，全面出击。

待思路明确后，接下来就可以开动了。

案例 8-2 开发有稳定供应商的潜在客户

Michael,

You have fantastic suppliers with good quality and price, and I'm so glad for you. The origin supply chain of customers is only vulnerable due to the current situation and changes in the external context.

In your local market, we have many in-depth cooperation customers who are satisfied with our products. We have rich experience in ceramic cups and saucers. Hopefully, we can create a set of solutions tailored to you that will make a difference from your competitors.

Let me update our offer sheet to you. With respect to the items we have quoted in the past, we will definitely provide you with the best price and the lowest MOQ. Would you mind starting with small orders? I am confident that you will be satisfied with us. We are qualified to be one of your primary suppliers, not an optional vendor.

In addition, all samples are in stock and ready to ship.

Kind regards,

Yibing

大家可以学习一下以上这封邮件背后的思维方式，自己动手，行动起来吧！

四、能源危机下的外贸走势

最后我还想补充的是，或许在某种程度上，欧洲和美国在当前的实体经济锐减的重压下，情况都谈不上一个"好"字，甚至连"尚可"都达不到。

如今的欧洲并不稳定，一系列的国与国之间的矛盾，都会影响到经济，贸易摩擦不会少见。

德国本土的制造业问题多多，一部分产业链对其海外供应商的依赖被疫情冲击得七零八落，而能源成本一路走高且不稳定，导致不少高端制造业、资本和人才的对外迁移。法国的原料问题并不太严重，但是欧元的走弱让法国大量的进口商品的价格走高，再加上年轻人的失业率居高不下，前些年法国增加燃油税带来的社会问题到今天都未完全消除，如今的难关并不易渡过。

英国脱欧后，一系列的不良后果开始显现，譬如英国所属的北爱尔兰和爱尔兰出现硬边界；譬如英国和欧洲大陆的一系列关税问题都需要重新谈判；譬如东欧的劳工已经无法像过去那样输入英国，而是需要重新申请签证；譬如从欧洲发往英国的商品都会重新进入海关进行检验、检疫，这一切推高了产品的成本和，降低了时效性。英国本土制造业的空心化由来已久，其长期通过金融业和高端服务业赢利，依靠英镑的强势来进口大量生活物资，维持英国人的生活品质。可疫情下海运费走高，能源危机下的电费、燃气费价格飙升，通货膨胀下的物价上升，以及"45天首相"特拉斯的失误判断，使得本就雪上加霜的英国经济再也无力承受美联储连续加息的压力，英镑、股市和债券市场都出现了闪崩。

假设英镑贬值,那就意味着依赖于进口的英国,所有商品的物价都要增长,英国人能承受吗?更何况能源问题、失业问题,必然会传递到消费市场,信心降低后带来的消费锐减,势必进一步重挫英国。

意大利的经济数据同样不佳,虽然其GDP依然是增长态势,但意大利受困于高福利制度、严重的债务问题和能源成本飞涨,欧元汇率下跌同样影响意大利人的购买力,且这对于当地的进口行业压力很大。而意大利的出口,本就集中在高附加值的奢侈品皮具、豪华汽车、美食等相关行业,欧元汇率下跌带来的经济利益并未增长多少,反而有可能推高其国内的通胀。

北欧国家的情况不差,其根源是这些国家人口少且资源多,其拥有大量的木材、矿产资源,挪威甚至还拥有大油田,足以确保北欧国家继续执行高福利制度。但是斯堪的纳维亚诸国的经济规模太小,人口又少,完全无法对欧洲大陆乃至整个世界产生多少影响力。

再看美国,结构性的经济问题和金融问题已经到了临界点。美联储一次次加息,收效却越来越小,市场的反应越来越冷淡。即便美国拥有美元的铸币税,可以利用抄袭功能降低自身债务和减少矛盾,但在此举的反复使用下,边际收益依然是递减的。

日本的情况也不乐观,日元兑换美元的汇率已经达到三十年间的最低点,日本的国债还是全世界最高的。如今日本要想维持本土经济不崩溃,只能动用外汇储备来购买本币,以勉强维持日元的价值。近些年依靠旅游业振兴经济的日本,在疫情下同样束手无策,本土居民消费无法拉动和平衡产业链,进口又随着日元的贬值而推高成本,而原先的高端制造业中的技术难题又被中国和其他国家一个个攻克,反过来争夺日本企业本就不多的市场份额。曾经的汽车霸主丰田在新能源领域的误判,导致它如今全面落后于美国、中国和德国车企,其未来的形势并不乐观。

如今东南亚诸国更是一片萧条,孟加拉国、马来西亚、印度尼西亚、菲律宾,无一例外,都在苦苦支撑,供应链因为疫情的开工不足和来源于中国的各种辅料配件价格的上涨而受到重创,都对当地的成衣、鞋袜等产业造成了不小的冲击。曾经出现经济亮点的越南，如今也陷入严重的经济滞胀、外贸萎缩和货币崩塌中。

为应对美元的走强，越南政府同样开始用外汇储备回购市场上的越南盾，只是其能力有限，扛了几天后，美元储备被消耗得所剩无几，才被迫放弃。东南亚的其他制造业国家都有相似的问题：生产低附加值的劳动密集型产品；人口和市场规模有限；严重依赖海外订单和中国的供应链；缺乏市场纵深；无比脆弱；人口红利并不充分，任何风吹草动都会对其造成不小的冲击。

而中国制造的优势在于"全产业链＋基础设施＋熟练工人＋技术革新"，我们有足够的市场纵深，可以同时在高中低不同产业发力，而这些都是其他国家所不具备的，即便是发达国家，除了占极少数的美国、日本、德国、法国、英国等大国，大部分发达国家也只能做单项冠军，是不可能发展全产业链。其原因就是规模和人口的限制，什么都想抓，什么都想试是办不到的，也注定无法深入。如果按照越南现有的发展路径，从低附加值的产品代工开始，其几乎不太可能超过我国的广东省，更别说整个中国了。越南供应商华丽的外衣背后，难以掩盖供应链的千疮百孔。

而在疫情、能源、货币、欧美市场环境的四重打击下，整个东南亚的供应链可能会出现断层，其既无力应对海外订单的锐减，也无法脱离中国供应商而独立存在。笔者推测，从 2023 年开始，亚洲的产业链会进行深度的盘整和洗牌，大量的制造业订单依然会回流到中国内地。对于外贸人而言，机会就在眼前，你还不行动吗？